教科書に書かれなかった戦争
PART 41

無能だって？ それがどうした？

能力の名による差別の社会を生きるあなたに

彦坂諦

梨の木舎

無能だって?　それがどうした?!

能力の名による差別の社会を生きるあなたに

この本をお読みになるあなたへ

ヘンな題名だなあって思いますか？　けど、どこかで、そうだ、そうなんだって気がしませんか？

生きるってことを真剣に考え（はじめ）ている、そういうひとに、わたしは、わたし自身の実感をこめて、呼びかけたいのです――めげずに、くじけずに、生きていこうよ！　って。なぜなら、生きるってことそれ自体、ほんとに、たいへんなことなのですから。

生きていくこと、生きのびること、そのこと自体が、このわたしにとっては、そして、おそらくは、この本をお読みになるあなたにとっても、根底的な抵抗なのです。なぜなら、わたしたちは、この一瞬、つぎの一瞬、つぎのつぎの一瞬、そのようにしてずうっと、わたしたちがいまげんに生き（させられ）ているこの社会によって、徐々に、しかし決定的に、殺されつつあるのだから。

殺されたくない、すくなくとも、このいまは！　そう思いながら、わたしは生きてきた。そして、殺されてはならないのです！　と、あなたにも呼びかけたい。だからこそ、わたしは、そしてあなたも、わたしたちのこの社会のなかでこのわたし（あなた）が生きることを阻むさまざまな力の正体を知る必要がある。そうした力に抗することのできる力（対抗力）をわたし（あなた）のうちに養うために。

問題は、しかし、どのように知るのか、ではないでしょうか。学校で、社会でふつうやっているような、そういった知りかたをいくら重ねてみても、たぶん、このわたし（あなた）が殺されてしまわない道を切りひらくことはできないでしょう。なぜなら、そういった、ほかのだれのでもないまさにこのわたし（あなた）だけの道を切りひらいていくすべを見いだすことは、これまでだれもがごく自然になんの疑いもなく正しいものだと信じこんできた（いまも信じこんでいる）思考の枠組のなかでは、おそらく、不可能だからです。

『きみたちはどう生きるのか』という本を中学生のころ読んだ記憶があります。主人公はちょうどそのころのわたしぐらいの年齢の少年で「コペルくん」と言いました。この少年が、すてきなお姉さんと叔父さんとの道案内で、これまでまったく知らなかったこの社会のしくみやひとびとの暮しかたを知り、思考の枠組のコペルニクス的転回を体験するのです。

天動説が唯一絶対だと信じられていた世界で地動説を提唱したコペルニクスにちなんで、これまで絶対に正しいと信じられてきた見かたを根元からひっくりかえして新しい見かたをするにいたることをコペルニクス的転回と言います。これは、しかし、いまだって容易なわざじゃありません。そんな、既成の枠組み自体を破壊するようなこころみは、みんなから袋だたきに遭うのがおちでしょうから。だけど、そうでもしないかぎり、このわたし（あなた）は、この社会に殺されてしまわない道を見いだすことなどできないのではないでしょうか。

この本は、そのようなこころみのひとつだと思ってくだされぱいい。このなかでわたしが提出しているいくつかの問いにたいして、ですから、あなた自身が、これまでの「常識」の枠にとらわれない、あなた自身の内部から発する、あなた自身の答を見いだしてほしいのです。そのようにして、このいまの閉塞的状況から脱出しうるあなた自身の出口を切りひらいていってほしいのです。

無能だって？ それがどうした?!
能力の名による差別の社会を生きるあなたに

目次

3章 どこでどのように たたかい なにをどのように 失ったか?

4章 「がらんどう」だから

5章 ひっくり かえすのだ!

6章 問えばいいってもんじゃない

1章

無能だって?
それが
どうした?!

「無能」は自分のせいなのか？

「無能」あつかいされるほど悲しいことはないですよね。まして、自分でもいくぶんかはそう思っている、いや、思いたくはないんだけれど、そう思わないわけにいかないってばあいには。だけど、なぜ悲しいのか、いえ、「こんなこともできないのか」「おまえは無能だ」といった、他人が下す判定——だって、そう言うのは自分自身じゃないんですからね——を、どうして、そっくりそのまま呑みこまなきゃいけないのか？　そう思ったことはないでしょうか？　ない、んでしょうね、たぶん。

「無能」な者は、わたしたちのこの社会ではまともにあつかってもらえません。この社会は、なんでもいいけどとにかく「能力」ってやつを身につけている、まともなひとたちからできあがっているんですから。「無能」なやつは一人前の人間じゃない。そういうのを「亜人間」って言うんです。

「亜人間」の「亜」は「亜流」とか「亜熱帯」とかいった言いかたでおわかりのように「あるものに次ぐ」つまり「一段劣る」という意味を持っています。これが「人間」につくとどうなるのか？

「亜人間」という言葉は、じつは、わたしの敬愛する詩人にして作家の白井愛が創りだしたものなのです。しかし、彼女がこれを創りだしてからすくなくとももう十五年以上になるのだけれど、いまだに、ほとんどだれにも知られていないようです。この言葉を鍵としてわたしが「能力による差別」を論じてからでも、もはや十二年以上の歳月が流れたし、そのあいだ、わたしは、ことあるごとに、これをキーワードとして書いたり話したりしてきた、というのに。

この言葉が爆発的に流行するだろうとまではさすがにわたしも思わなかった。けれど、ひとびとの注目をひくのではないかとは考えていました。なぜなら、この概念を活用することによって、わたしたちのこの社会の差別的構造の鉄壁に、以前には達しえなかった深みにいたるまで穴をうがつことができるようになった。と、すくなくともわたしには思われたからです。じっさいには、しかし、わたしの周囲のごく少数のひとびとをのぞいてはこの言葉の存在すら知るひとはいない。なぜだろう？ 白井愛の作品がそう広くは知られていないから、といった単純な理由ではなさそうです。

この「亜人間」という概念を手がかりにわたしたちのこの社会の差別の構造に切りこむ。となると、必然的に、「能力」の問題に、もっとはっきり言えば「能力」による差別という問題に突きあたる。これこそ、しかし、だれもが無視するかすくなくとも正面からとりくむことは避けてきた問題です。それには、そして、それ相応の理由があったにちがいないのです。つまり、そんな問題は、あらためてとりあげるまでもなく自明のことであるか、とりあげるにはいささかやっかいなことで、たぶん、あったのでしょう。そういった問題について、しかし、わたしは、もういちどここで考えてみたいのです。

白井愛は、いったい、わたしたちのこの社会のどのような現実を基盤としてこの「亜人間」という言葉を創りだしたのか？　わたしたちのこの社会のなかにあるどのようなひとびとを「亜人間」と呼んでいるのか？　要するに、正規のスタッフでないひとびとのことです。つまり、企業や官庁や銀行や病院や大学や研究所や学校や協同組合やといった組織に雇われて働いてはいるのだけれど正規の社員や職員ではない、したがって正規の給料もボーナスももらえないし退職金も年金もつかず有給休暇をとる権利もない、組合に加入する権利すら当の組合自身によって認められていない、そういったひとびとのことなのです。

あきらかにこれは差別だ。とはいえ、その差別のされかたには、他のもろもろの差別とはいささかちがうところがあります。というより、「亜人間」という言葉を用いてそうした差別の構造に切りこんだときに見えてくるのは、いささかちがった風景なのです。

部落出身者や在日非日本人や女性が差別されるのは、ただたんに、そのひとが部落出身者であるから、在日非日本人であるから、あるいは女性であるからです。つまり、いわれがない。部落出身者は部落に生れ育ったから部落出身者なのであり、非日本人は日本人以外の親から生れたから非日本人なのであって、自分の意志でそれ以外の存在に変身できるものではない。女性についてもおなじことが言える。自分の意志で選んだことではない、したがって自分には責任の（とりようの）ない、そうした事実にもとづいてそのひとをわけへだてすること——それも、そのひとにとって不利・不快であるようなやりかたで——を、差別というのです。いわれのなさのうちにこそ差別の核心がある。「亜人間」が差別されるのは、しかし、そのようにいわれなくではない。ばかりか、おおいにいわれがあるのだとさえ言える。なぜか？　この問をきわだたせるために、白井愛は、『あらゆる愚者は亜人間である』◆において、すべての差別がすでに存在しない「ユートピア」◆社会を舞台に選んだのです。

その舞台とは、まるで今日の世界を、いや、いまなお完全には実現されていない未来社会を先取りしたかのような「モダンでクリーン」な「高度工業化社会」です。そこには階級差別も民族差別も性的差別もない。要するに、どのような「固定的差別」ももはや存在せず、あるのはただ「能力」に応じた「役割分担」だけ。つまり、だれもがその「能力」に応じた「役割」とそれにふさわしい報酬を受ける権利を持っている。

◆**『あらゆる愚者は亜人間である』**　罌粟書房、一九七九、絶版

◆**ユートピア**　ギリシア語の ou（無）と topos（所）とから作られた合成語。「どこにも存在しないところ」という語義から、想像しうるかぎりの完全で理想的な社会という意味に用いられている。

「固定的差別」はなるほど存在しないが、だからといってこの社会に階層序列《ヒエラルキー》◆が存在しないわけではありません。むしろ、これは、ほかのどのような社会よりもいっそう整然とした階層序列《ヒエラルキー》社会なのです。そして、その階層序列《ヒエラルキー》における基本的ランクが「人間」と「亜人間」（「人間」に「準ずる」存在）なのです。

「人間」は「塔」に住み「亜人間」は「地下」に住む。「人間」にはさまざまな権利が保証されている。「空中権、太陽権、人間的生活と健康を守る権利、研究する権利、闘う権利、そして人種、性別、信条等々によって差別されない権利」などなど。「亜人間」にはこれらすべての権利があたえられていない。としたら、これはあきらかに差別じゃないの？

そのとおり。「人間」にとって、差別されない権利とは差別する権利なのだ。この差別する権利こそ「人間を人間たらしめているもっとも人間的権利」なのです。とはいえ、ここでかんじんなことが一つある。なるほどこれは差別ではあるだろうがしかし固定的差別ではない、ということです。なぜか？

「亜人間」から「人間」に「昇格」する「機会」はすべての「亜人間」に平等にあたえられているからです。「亜人間」はだれでも「人間」になることができる。「人間」にふさわしい「能力」がそなわっていると「人間」から「認定」してもらえさえしたら。裏をかえせば、「人間」はだれでも一度は「亜人間」であったことがある。

つまり、「人間」とは、「人間」であるにふさわしい「人間的能力」をそなえていると「人間」から「認定」されて「人間」の共同体に迎えいれられた、かつての「亜人間」なのです。ここにこそ、この高度に洗練された「民主主義的能力社会」の真骨頂がある。

「人間共同体」は閉鎖的集団ではありません。門戸はすべての「亜人間」につねに平等に開かれている。だから、現在「亜人間」である者もいずれは「人間」社会の成員に「昇格」できるはずです。つまり、「亜人間」というのは、要するに、「人間見習」であり「未完成品」であるのです。

そうだとするなら、だれにでも平等に保証されているこの「昇格」の機会をとらえることができないような、言いかえれば「人間」になるための「人間的能力」を「人間」から認めてもらうことのできないような、そういった「亜人間」が「人間」になれないのは、その「亜人間」自身のせい（責任）ではないか。ある「亜人間」が「完成品」つまり「人間」になれるのか「未完成品」つまり「人間見習」のままで終るのかは、要するに本人の「能力」しだいってことでしょう。

白井愛の功績は、このように問題の環境を設定することによって、差別の真のいわれのなさを、よりいっそう深いところからえぐりだすことがで

◆階層序列　英語ではハイアラーキー。最高支配権力者を頂点としてそれぞれの段階の権力者たちから庶民にいたるまでがピラミッド型に配列されている社会的階層構造のこと。

きるようにしたところにあるのだ、とわたしは考えています。

差別が差別としての実効性をもつのは、差別される側がそれを内在化してしまうからです。とはいえ、階級差別や民族差別や性的差別などにあっては、そのいわれのなさは、すくなくともこの現代に生きているひとびとには、あまりにもはっきりと見える。それにひきかえ、「亜人間」が差別されるのはその「無能」のゆえにだ。つまり「人間」になれるだけの「能力」がなかったからなのです。なら、それはしかたのないこと、自分に責任のあることではないか。というふうに当の「亜人間」自身が感じてしまう。このばあい、差別は、ほかならぬ被差別者のうちで、より深く内在化される。差別の構造は、より完璧になる。それもまた差別ではないのかといった疑問は、そのときそこで、「能力」とはいったいなになのかという問いを発しないかぎり、生れることすらないでしょう。では、いったい、「能力」とはなになのか？

「能力」とはなんなのか？

なにごとかをなしうる力、それが「能力」というものだ、と一般に考えられています。その内実が問われることは、たぶん、ないでしょう。だれそれにこれこれの「能力」がある（ない）のは、いわば自明のことだと考えられているからです。けれども、ほんとうにそうなのだろうか？

このわたしになにかをなしうる力があったとしても、だれも認めてくれなければ、そんな力は社会的にはないにひとしいのではないでしょうか？　わたしにはこれこれの能力がある、とわたしがいくら自分で思っていても、いや他人にそれを顕示したところで、社会的に認めてもらえないかぎり、それはこのわたしの「能力」ではなく、せいぜい「潜在能力」にすぎないでしょう。

「能力」とは、評定され認定されるものだ。これが「能力」の第一の属性なのです。とすれば、いったいだれがどのような基準にもとづいて評定するのか？　評定するのは、このわたしではない。他人です。それも、わたしたちのこの階層序列《ヒエラルキー》社会においてすくなくともこのわたしよりは上位を占める他人なのです。では、その他人はどのような基準にもとづいてこのわたしの「能力」を評定するのか？

そのときそこでこのわたしにどのような「能力」が要求されているのか？　これがその判断の基準となる。言いかえれば、「能力」というのは、そのとき、そこで、なにが、なんのために、どのように、だれによって要求されているのか、ということと無関係に定義できるものではない。戦場において、兵隊が指揮官によって要求される「能力」と、看護婦が国際赤十字によって要求される「能力」とは、あきらかにちがうでしょ

◆**内在化**　内面化するとも言う。ある観念を、自分の内部に本来存在していて自分の本質と深いかかわりを持つものとして、自分の内部にとりこむこと。

う。国鉄に永年勤務してきた熟練労働者の「能力」など例の民営化にさいしては一顧だにされなかった。つまり、そんなものは「能力」ではなかった。逆に、それとはまったくちがった性質の「能力」——上司にこびへつらう能力、「国労」を脱退する能力など——だけが「能力」として評価された。

どのような経緯を経てであれ結果的にこの階層序列社会《ヒエラルキー》の上位を占めているひとにはそれ相応の「能力」があったのだし、下位に転落ないし低迷しているひとはそれ相応に「無能」なのだ、と言うべきでしょう。ひとはそれぞれ自分の「能力」にふさわしい地位を占めているのです。「能力」とは、してみれば、この社会のなかで現実になにかを得ることができたという結果からさかのぼって認知されるたぐいのものではないのか。たとえばそれは、ある地位を望みそれを手にいれる能力であるかもしれないし、どのような現実にもすばやく順応できる能力や、ばあいによっては無意識に現実から目をそむける能力であるかもしれないし、あたえられた課題に真摯にとりくみ定められた期限内に期待された成果をあげはするけれどもそれにたいして過剰な情熱はいだかない能力、将来有望な上司とその人脈をいちはやく嗅ぎあてそれにつらなるばかりかその上司を心から尊敬しうる能力、またときには、あるひと（びと）にたいして思いきり厚顔無恥になりうる能力であるかもしれない。

要するに、「能力」とは、固定的・絶対的概念ではけっしてなく、そのときそこでそれを必要とする側の要求を満足させうる力なのです。だから、とうぜんのことながら、そのときそこで雇われている者に要求される「能力」は、雇う側の必要しだいで、どのようにでも変りうる。とはいえ、現実には、そうしたさまざまな要求は、おのずから、共通するいくつかの条件へと帰納されていく。これがその時代の社会的ニーズってやつで、教育とか研修とかいったものはこうした要求に合致しうる「能力」を身につけた人材（人的材料とはよく言ったものだ!）の養成を目的としています。養成される側からいえば、「能力」とは、つねに、どのようなていどにおいてであれ、公的につまり社会的に評定され認定されるものなのです。その評定の基準は、だからとうぜん、その社会にとって有用か無用かであるだろうし、なにに照してそれを判断するのかといえば、これまたとうぜんのことながら、その社会の支配的価値基準に、ということであるでしょう。

文学や芸術のばあいでさえこのような構造は基本的におなじです。このばあいには、たしかに、「能力」の判定者は会社の上司のような組織上の上級者ではない。むろん、芥川賞とかショパン・コンクールなどには選考委員がいるので、そこでの評定は会社や官庁における勤務評定などとよく似たものになりはするけれど、音楽家や画家や作家などの「能力」を判定するのは、要するに人気、つまりその演奏なり作品なりを公衆がどれほど支持するか、でしょう。これはきわめて自由で公正な評定であるように見える。けれども、そうした評定の基準はといえば、やはりこれも、その時代のその社会の支配的価値基準から外れたものではない。どんな曲のどんな演奏が、どんな絵が、どんな小説がすぐれているのかを、わたしたちがめいめい独自の基準によって判定していると信じているばあいですら、それを独自なものだと思いこんでいるその意識そのものが、あらかじめ、わたしたちのこの社会を支配している価値の基準によってつくりあげられている、かもしれないではないか。

あるひとの「能力」のあるなしを判定するのは、どっちみち、他人なのです。だとしたら、自分の「能力」が「正当」に評価されることをねがう者にとって第一に必要な「能力」とは、自分の「能力」を評定するその他人——この階層序列《ヒエラルキー》社会において自分より上位を占めている特定の個人であれ、あるいは不特定多数の「公衆」であれ——の「能力」を尊敬しその「評定」に服する「能力」ではないのか？　その評定にすなおに従うことができず、あまつさえそれに疑いの目をむけるような者は、被評定者にとってもっともたいせつなこの「能力」を欠く、というだけでもすでに、「無能力者」なのです。

とはいえ、その評定のされかたについてなら、ひとは、疑問や不満をもつこともある。同僚同士が居酒屋で上司の悪口を言ってうっぷんばらしをしたり、生徒たちが教師に疑問や不満やときには憎悪までいだいたりといったことは、まれではない。けれども、ひとびとは、自分の「能力」が正当に評価されなかったことにかげで苦情を言うことはあっても、自分の「能力」が他人に評定されていることそれ自体には、異議を申立てない、ばかりか、まるで当然のことのようにさえ思っているのではないか？

考えてみれば、しかし、これこそ、他人に管理されるのを受けいれることなのではないでしょうか？　なぜなら、わたしたちのこの社会では、このわたしの「能力」がどのように評定されるかによっては、生きることが不可能になってしまうことすらあるからです。たんに経済的にだけではない。わたしにとってはどんなにくだらない「能力」であっても、それは、このわたしの「能力」として評定されるときわたしの全人格にすりかえられる。そこにおいてこのわたしがその「能力」を欠く、つまり「無能」であると評定されるということは、わたしの全人格が否認されるということにひとしいのです。わたしは生きられなくなるということなのです。つまり、わたし自身の命運が左右される。しかも、この「無能」を、この全人格的否認を、このわたし自身が呑みこまざるをえないのです。これが管理されるということでなくてなんだろう。

この管理は、とうぜんのことながら、「能力」の開発にまでおよぶ。いまのところまだ見いだされていないがいずれ花ひらくであろう「潜在能力」を早いうちに見いだしてやることが「能力」を評定する側に求められるとすれば、「評定」される側には、自分の「潜在能力」をよりよく見いだしてもらえるようあらゆる努力を惜しまないことが期待されるでしょう。言いかえれば、よりよく管理されるために、より深く差別されるために、ひとびとは自発的に努力するでしょう。

わたしたちの生き(させられ)ているこの社会にあっては、たぶん、どのようにしても「無能」を正当化することはできないのです。とはいえ、「無能」とさげすまれ差別されながらも「能力」を尊敬し「能力」の向上を目ざして努力をつづける、そういった「無能者」にたいしては、この社会は寛大です。そのような者は、いつの日か、「能力」を評定するひとびとの目にとまり、どれほどかは「能力」を認めてもらえるようになるかもしれない。けれども、そういう努力をしない、ばかりか、およそ「能力」を尊敬しない、どのようにであれ管理されることは拒否する、そういう「無能者」は、この社会から徹底的に閉めだされ、生きられなくなるでしょう。つまり絶対の「無能」に串刺しにされるでしょう。絶対の「無能者」とは、そして、「非人間」なのだ。その「非人間」が、それでもなお生きようとのぞむなら、道は一つしかないでしょう。「能力」とはなにかを問いかえすこと。『あらゆる愚者は亜人間である』においてて白井愛が企てたのは、ほかならぬこのことだった。

ムノワーラの問いかけ

この作品のヒロインであるムノワーラのばあいも、「無能力者」であるのは彼女自身の責任です。とはいえ、そのような存在であることを彼女は主体的に選びとったのです。永遠の「はんぱもの」つまり「亜人間」の位置に自発的にとどまろうというのです。なぜか？「人間」への「昇格」というニンジンを鼻先にぶらさげられてひたすら疾走しつづけることにうんざりしたからです。たがいに他人を押しのけ蹴おとして一歩でも前に出ようと競りあっている、そのあさましさに耐えられず、その競争から自発的に脱落したのです。その結果、生きられなくなっている。けれども、自分自身のこのいまの生を「受身に生きさせられる」ことだけは、彼女は、受けいれることができない。

現在のこの状況を、過去のわたし自身がおこなった無数の選択の総決算としてももう一度内側から捉えなおしたい、すべてはわたしが欲したものでありすべてがわたし自身から出ているのだということを再確認したい、このいらだたしい欲求がわたしにペンを握らせたのだ。

すべてがごく自然に、自然な秩序のように定着し、かれら人間はむろんそう信じているし（それ以外のことをかれらが想像だにしえようか！）、わたし自身にすらそう見えはじめている。現在のわたしにはもはや無縁で無意味ですらあるわたし自身の過去の、この帰結を、わたし自身が欲したこの帰結を、ぼんやり受身に生きさせられるなんて、そんな結末だけは、しかし、断じて受け入れることができない。この現在をなんとしてもわたし自身の手にとりもどさなければならない。これこそかつてわたしが欲したものでありいまもなお欲しつづけているのだということをわたし自身にあきらかにしなければならない。

（『あらゆる愚者は亜人間である』一一、一二ページ）

しかし、このムノワーラにいったいなにができるのだろう？「能力」による階層《ヒエラ》序列《ルキー》社会への参入を拒否して永遠に「亜人間」であることを運命づけられてしまった彼女になしうるさいごのたたかいとは、なになのか？見ることでしかあるまい。見ること。そこに生起する「人間的」真実のすべてを、明晰に。

ムノワーラは、自分自身を踏み台にして、自分自身をもふくむすべてを見ようとしています。彼女は、ここで、「能力」による階層序列《ヒエラルキー》社会の担い手たちのさまざまな喜劇を見ているだけではない。彼女自身の愛のゆくえをも明晰に見ているのです。

彼女の愛の対象ＪＰは、この「能力」社会の最上位にいる。「人間」の「能力」の最高の高みを体現しています。でありながら、いや、であるからこそ、彼は、この「能力にたいする根底的」批判者でもあるのです。「人間」による「人間」への異議申立《コンテスタシオン》、◆「能力」による「能力」への異議申立《コンテスタシオン》の生きた体現者なのです。

このような彼の「人間的能力」のみごとさにムノワーラは魅了されずにはいられない。と同時に、しかし、彼女にとって、これ以上にゆるしがたいことがあるだろうか。なぜって、これこそ「人間」の「非人間」にたいする完璧な優越、「人間」による「非人間」の完璧な否認ではないか。

知るにつれいよいよ魅了されていったのだ。なぜなら、JPは、わたしのありかたを根底的に否認する存在だった。わたしが無ノウリョクの極を生きているのに対して、JPはノウリョクの極を生きていた。わたしが破綻のなかに居座って破れかぶれで来たのだとすれば、JPは破綻のない生をまっすぐにつらぬいてきた。(中略)かくてわたしははじめて、このわたしを否認する人間的ノウリョクのみごとさに感嘆せざるをえなかった。

(『あらゆる愚者は亜人間である』一一五ページ)

◆**異議申立** もともとは法律用語で、裁判所や国・地方公共団体などによる違法あるいは不当な行為・処分などについてその取消しまたは変更を求める手段のことだが、一九六八年のフランスにおける学生の反乱(いわゆる「五月革命」)のなかで、既成の権力・権威に対する根底的反抗・否定の行為を表現する語として用いられるようになった。

ＪＰも、しかし、ムノワーラにおける高潔な「無能」の鮮烈さに魅了されずにはいられません。彼は、そのたぐいまれな「能力」によって、ムノワーラの孤独を認知するだけでなく、そこに、彼自身のコミットしているこの「能力社会」の価値体系そのものを根底的に否認するもうひとつべつな価値を発見する。と同時に、しかし、まさにこのおなじ理由によって、彼には、彼自身の見いだしたその価値を承認することはできないのです。

ムノワーラとＪＰとは、だから、おたがいの生のありようを根底的に否認しあう存在なのです。この二人の愛とは、それゆえ、根底的な対決でもある。ムノワーラのたたかいとは、この対決のなかで、ほかならぬＪＰの破綻を見とどけることなのです。なるほどＪＰは「ノウリョクの頂点」として「すべてを所有して」いる。その彼には「すべてが可能」なのだ。だが、それゆえにこそ彼が失っている、それゆえにこそ彼が持ちえないでいる「なにものか」があるのではないか？　それをムノワーラは見つけださなければならない。自分自身の「愛」を踏み台にして。

（……）わたしはそれを見つけださなければならなかった。

なぜなら、そのなにものかにこそわたしの生は賭けられてきたのだから。そのなにものかこそがこの世のもっとも貴重な価値だとかつて愚かなわたしは信じたのだから。わたしはそこに一つの弁証法を確認しわたし自身の愚かな生を救い出さねばならないのだ。

（『あらゆる愚者は亜人間である』一一七ページ）

この対決には、しかし、一般に予想されそうな展開はあたえられていません。ムノワーラが、ふとした偶然から、「全能」のＪＰのなかに潜む醜さを垣間見る、そして、彼のもとを去る、といったふうにはいかないのです。そうではなく、ＪＰはあくまで「非の打ちどころのない美しい人間」でありつづける。そうでありながら、同時に、わたしたちのこの世界の階層序列に深くかかわりその最上位を占めつづける。その完璧さを、その完璧さのゆえに、ムノワーラはゆるせないのです。その完璧さのうちに、そして、完璧であることそれ自体の根底的矛盾を見るのです。その根底的矛盾を、しかし、ＪＰは、きわめて自覚的に誠実に生きようとしている。これはまさにサルトル的概念における知識人の姿にほかならないではないか。

この知識人との対決において、ムノワーラは、ついに、勝利することはない。それ以前に、彼女は「ゲジゲジに変身したまま天井から墜ちて死」◆ぬのです。社会的には敗北したのです。けれども、彼女の提出した問は残った。その問いかけ、すなわち異議申立のうちに、そして、答えはすでに内包されていたのです。

◆**「ゲジゲジに変身したまま……墜ちて死」ぬ**　『あらゆる愚者は亜人間である』の「後記」参照。

その後、白井愛は、『キキ荒野に喚ばわる』◆において、ムノワーラが生き（させられ）てきたその社会のかぎりなく自然な酷薄さをみごとに戯画化してみせ、『悪魔のセレナーデ』◆においては、そのような状況にあってムノワーラがムノワーラになったその生の選択を、凛とした筆致で肯定しました。

掃きだめを追われて
ひとは
掃きだめの鶴となるのだ
恥をすら　驕りに　変え
驕りのほかには
身に寸鉄も帯びぬ鶴となるのだ

（『悪魔のセレナーデ』一四二ページ）

さらに『悪魔のララバイ』◆では、「そんなにも拒絶され／そんなにも孤独になって」もなお「さからって　さからって」生きる魂への讃歌をうたいあげました。

わたしは刺していた、

上にのしかかっているこの男
おまえを　おまえたちを。
胸底深く秘してきた白刃抜きはなち。

ほとばしり出たのは
でも　わたしの血、
息絶えようとしてるのは
そして、わたしの心臓。

わたしは生きる、
さからって　さからって。

（『悪魔のララバイ』一七九ページ）

◆『キキ　荒野に喚ばわる』罌粟書房、一九八五、絶版
◆『悪魔のセレナーデ』罌粟書房、一九八八、絶版
◆『悪魔のララバイ』径書房、一九九一、絶版

「まつろわぬ魂」でありつづける

『鶴』にいたって、ムノワーラ（この作品では「わたし」）はついに見きわめるのです、JP（この作品では「あなた」）が「能力」の頂点に立つエリートであるがゆえに失っているもの持ちえないでいるものを。とはいえ、それは「わたし」の勝利を意味するものではありません。「わたし」（ムノワーラ）は、ここでも敗れる。敗北というかたちでしか、「あなた」（JP）のような存在にたいする異議申立《コンテスタシオン》はなしえないのです。

この作品は、わたしたちのこの社会のなかでほかならぬ自分がどう生きるかを自分自身の責任において選びその結果としてこの社会の異物になってしまっている自分を発見しなければならなかった、そういう女の物語なのです。

さいごになってようやく「沢野つる」という名が読者に知らされるまで「わたし」という一人称単数で登場するヒロインは、この作品のクロノロジックな始点では、大学院の博士課程を出たものの職がなく、Q市のいくつもの大学をかけもちでとびまわる非常勤講師をやっています。だからとうぜん、低賃金にも劣悪な労働条件にも身分的不安定にも苦情ひとつ言わず、「専任」のどんな私用にこき使われてもいやな顔ひとつしないで、ひたすら、「専任」を尊敬しうる「能力」のあかしをたてなければならないのですが、そのこと自体、彼女には、ゆるしがたい。

なによりゆるしがたいのは、「専任」教授たちの卑しさでした。たとえば、「専任」のポストを餌に「寝る」ことを要求し失敗するや脅迫に転じてもみけしをはかるといった小ボス教授先生（複数）のうすぎたなさにあきれて彼女はQ市を去るのですが、それは、「権威ある大学教授の下賤卑劣な品性に憤った」からではなかった。そうではなく、彼女は、「能力と人格」の名において「ぎょうぎょうしくとりおこなわれている選考人事」を、その差別性を、「この世の不動の階層秩序」を「嗤った」のです。「あけすけに、無作法に、からからと」。

彼女のこの嗤いを、しかし、だれもともにはしませんでした。なぜなら、それは、世間さまへの礼を失した「危険な嗤い」「孤独な嗤い」だったからです。だから、彼女はこの「孤独な嗤い」を「胸底ふかく秘して」いる。では、なぜ、それは「危険」だったのか？

なぜなら、「専任」とは「非常勤」にとっては神なのだから。「能力」の「後光を背負って光り輝く」「残忍」で「気まぐれ」な神。この神に、神の要求するいけにえを捧げるなら、「非常勤」は「いずれ神の列に加えられる」ことになるでしょう。「ここで試されているのは、おそらくは、信仰」なのです。「ステータスという現実神」にたいする信仰。

わたしたちのこの国では、ひとびとは、現実と

◆『鶴』 れんが書房新社、一九九三

いう神だけを崇拝しています。この現実神を信仰しない異教徒がこの国に生れるなんてことは想像もできない。だから、親切なひとたちは彼女を「叱咤激励して言う」のです、「もっと積極的に、もっといけにえを捧げて、もっと信仰をあかしたてなさい！」と。ところが、彼女は、すでに、ひそかに拒否していたのです、この現実神にひざまづくことを。怒りをもって！

「たとえわたしが競走馬の一頭にすぎなかろうとも、神の命ずるゴールにむかって走らない自由はあるのだ」！

とはいえ、この叫びがかりにとどいたとしても、神々は、いや馬たちですら、彼女を憫笑するだけでしょう。「餓死する自由なんて虚妄だよ。自由とは、ゴールにとびこんでから味うものさ。現実はこうなのだから」と。

彼女の胸底の「嗤い」が高まるのに反比例して、彼女の稼ぎは落ちていきました。「死の淵」へと追いつめられるほどまでに。このとき「死の淵に立った誇り高い弱虫の奥深いところから、さらに誇り高いもう一匹の弱虫が這いだしてきて、立ちあがる」のです。「決然と立ちあがるしか能のない」彼女が、立ちあがるのです。

この時点から、この彼女と恋人との関係に質的な変化が生じます。

のちに恋人となるこの男とはじめて出会ったとき、彼女はまだ大学院生でした。男たちが「美しい女」としての彼女を追いまわしていました。ところが彼女のほうは、

「女」という「偶然性」にたよって人間界を渡る気などなかった。この出発の時点で、すでに、彼女は、自分がなにもの「である」かによってではなく、なにもの「になる」かによってでもなく、これからなにを「つくる」のかによって、自分を問おうとしていたのです。

彼女と出会ったとき、彼はすでに第一級の知識人でした。この彼の影響下に、彼女は自己を形成した。欺瞞を恥じ、欺瞞を排して生きようと苦しんだ。たえまない自己点検、自己批判、自己否定を重ねつつ。彼とおなじように政治的・社会的たたかいにも参加しました。研究にたいしても、彼とおなじように、厳密で主体的な方法をこころざしました。そういう関係がなぜ変質したのか？　彼が変ったのでは、おそらく、ない。彼女のほうが変ってしまったのです。

金と時間の絶対的な窮乏に苦しみながらも、彼女は、情熱的に「研究」に打ちこんできました。ところが、その情熱が消え失せていったのです。数年間にわたる遍歴のすえ、いま、彼女は、「王道も本道も正道も棄てて、千尋の谷の崖っぷちに立っていた」。さいしょの「孤独の河」を渡ったところだった。

「みんな」と自分との「相剋」であるところの、「相剋」でしかないところの自分の「生それ自体」に、正面から向きあうこと、「否認され辱められ追放された異教徒のドラマ」である「生それ自体」に向きあうこと、そこにしかもはや彼女の「情熱をかきたてるものはなかった」。その「情熱」とは彼女の「もっとも深いところからの命令」だった。「異教徒」である彼女の生を生きぬこうとする選択だった。彼との恋のなかにとびこんだのも、この「深い」彼女自身の「命令」によるものだった。

彼女のこの「恋」とは、とりもなおさず、彼とのたたかいを生きることでした。彼は敵だった。その敵とたたかうために、彼女は、敵である彼との「恋」にとびこんだのです。この敵とはどういう存在か？ ついに彼と別れようとしたときの彼女の感覚に、それは鮮明にあらわれています。

わたしのことばはあなたに通じなかった。わたしたちはべつべつのくにのことばを話していた。

（『鶴』一二四ページ）

敵とは、この「わたし」を否認し辱め追放する社会の代表です。しかも、この敵はたとえようもなく魅力的な存在なのです。「知」の頂点、「能力」の頂点に立っていながら、その自己自身を否定しているエリート。彼はすべてを所有している。彼にはすべてが可能なのだ。けれども、そのゆえにこそ失われている、そのゆえにこそ持ちえないでいる「なにものか」が、彼にあるはずではないのか？ 白井愛の出発点となったあの作品におけるのとおなじ問いかけが、ここにあります。

卑しい卑劣な敵なら侮蔑すればたりる。けれども、この敵には輝かしい魅力があった。だからこそ、彼女は、彼がほんとうの敵であることを見きわめたい。敵であることを確信したい。そうでないと、ちゃんとたたかえないじゃないの。なにしろ、相手は万人とともにあるのだから。

彼が敵であることを確信したいというのは、しかし、裏をかえせば、彼が敵であってほしくないという願望でもあるでしょう。ひょっとしたら、彼は、一般の知識人とはちがうのではなかろうか、というかすかな期待でもそれはある。だからこそ、彼女は見なければならない。見すえ、見さだめ、見きわめなければならない。彼がほんとうに敵であるのかないのかを。

それしか、無力で「無能」な彼女には、なしうることがない。見ること。ただひたすらに。視線そのものと化すこと。自分自身を踏み台にして。そのゆえにこそ、彼女は、彼との「恋」に全身全霊で打ちこむだろう。この「恋」を、彼女は、かぎりなく主体的に生きるだろう。「孤独と矜持の道場として、この恋を生きる」だろう。

一方で、彼女は、みずからの羽を抜いてタピスリー◆を織りあげていきます。これはむろんダブル・イメージですから、そのこと自体として受けとるも、作家が骨身を削って作品を仕

◆タピスリー　羊毛や絹、麻などを材料に綴れ織りで絵模様を織りだしたもの。

あげていく行為の比喩ととるも、読むものの自由です。いずれにしても、織りあがってくるのは「魂のうた」です。このうたは「手にとるひとのこころしだいで／砕け散る波の華　にもなれば／ひとしずくの涙　にもなる」だろう。そして、なによりも、彼の「こころひとつで」彼を「血まみれにする刃」にもなれば「あなたとわたしを焼く／焔にもなる」だろう（『鶴』一四一〜一四二ページ）。

おなじものが二枚、同時に織りあがります。一枚は「あなたに捧げる愛のうた」で、もう一枚は「孤独な魂」に捧げる「星のうた」です。

ところが、鶴が自分の羽を引き抜いて織りあげたものとはなにであったのかを「あなた」は理解しようとしなかった。いや、自分の属している社会の秩序——思想であり感覚であるもの——に根底的に敵対するものがそこにあることを、まちがいのない本能的嗅覚によって的確に嗅ぎわけて、拒絶したのです。

一方、現実（序列・権威）が神であるこの国の「どこか見えない片隅で荒れ狂って」いるはずの「叛徒」の手には、その「孤独な魂」のもとには、けっきょく、この「星のうた」は届かなかった。前に立ちはだかる石の壁、黙殺という石の壁に阻まれて。

彼は「おだやかな」彼自身のふるさとにいつのまにやら帰っていたのです。「妻子もステータスも不動産も、多少の名声さえ所有している男の帰るべきところはそこしかない」とでもいうように。彼女のほうはというと、「無名の専門家」「無名の生活者」とさえ対立する「キチガイの道を、キチガイの坂を、這いのぼりつつあった」というのに。

じっさい、この彼女は、秩序と安定と豊かさこそが絶対の価値であるこの時代の流れにさからって「自由と叛逆の旗」を掲げつづけてきたのですが、ついに「狂気の旗」をも「そこに加えざるをえなく」なるでしょう。それほどまでに、彼女の生そのものが「キチガイザタになっていく。キチガイの孤独を生きるはめにおちいっていく」でしょう。

「宿命の命ずるままに」、彼と彼女は「無限の距離をへだてた異世界へと遠ざかりつつあった」のです。

彼がまぎれもない敵であることは、明確になってきます。「みんな」とはひとあじちがう魅力のある敵でありつづけてほしいという彼女の願望も、むなしく裏切られます。要するに、彼もまた「みんな」とおなじになっていく。彼女のほうは、羽を引き抜いてタピスリーを織りあげそれが「みんな」から拒まれる（彼もまた拒むのだ）という試練をへて、いまや、全世界を相手に、たったひとりで、素手でたたかう力をつけてきているというのに。

敵としての魅力を彼は失う。ヒロインの孤独は深まる。もはやこれ以上人間にとどまることはできない。ある雪の日、彼女は、鶴にかえって、よろよろと飛びたつ。

背中に無数の矢を突きたてられた鶴が一羽、吹雪の夜空を舞いあがります。でも、すぐに、よろめき、墜ちていき、雪にまもられて、雪のうえで一息つき、ふたたび、さいごの力をふりしぼって、飛びたちます。

飛んでは墜ち、墜ちては飛ぶ。

血を流しながら。

そして、ついに、風雪乱舞する巻機山《まきはたやま》の◆、雪深い沢筋に、よろめき着く。もはややすらぐことだけがゆるされている地に。

（『鶴』一八八ページ）

彼女はこの世界における異物でした。この世界においてなにものか「である」ことを拒みつづけた彼女は、なにものか「になる」ことをこの世界から拒まれます。彼女には、もはや、人間「である」こと、ありつづけることができないのです。

このたたかいもまた彼女の敗北でおわります。そうでしかありえないからです。しかし、その敗北を彼女に呑みこませることは、けっしてできないでしょう。彼女は、あくまで「まつろわぬ魂」でありつづけるでしょう。

出口がなかった。
出口はぜんぶふさがれていた
自分で自分の出口をつくった
生きるために

わたしの出口だった
たったひとつの

理があろうとなかろうと
邪であろうと正であろうと

（『鶴』冒頭のエピグラム）

さいごに、かすかにではあっても希望の光が射してくることが暗示されて、この物語は幕をとじます。孤独のなかで自分で自分の希望をつくりだしていった彼女のいとなみを、おな

◆**巻機山**　上越国境に現存する山。白井愛がこよなく愛している山の一つ。

じように孤独な一人の女が理解し、そのことによって生きる勇気をあたえられるのです。

いまは、ようやく、わたしもわたしなりに、なんとか立ちむかっています。
もちろん、まいにち、打ち負かされ、うちひしがれて、棺桶のなかに帰りつくのです。
そして、あなたの、いいえ、もはやわたしの、タピスリーのまえにくずおれる。
すると、魂にしみいる悲しみのうたが聞えて来る！
かぎりなく華やいだ、かぎりなくかろやかな、かぎりない悲しみのしらべが。
タピスリーのうえに身を投げて、わたしは、熱い、熱い涙を流します。
そして、よみがえる。
ちょうど、あなたが、これを織ることで、まいにち、よみがえっておられたように。

（『鶴』一八九ページ）

「無能」だって？　それがどうだってんだ?!

あなたは、部落出身者だから、日本人じゃないから、女性だから、この職（地位）につけるわけにはいきません、という言いかたをしたら、その非道さはたちどころにわかります。それに、そういう言いかたは、いまではもう、すくなくともおもてむきにはできないでしょう。けれども、この職（地位）にふさわしいだけの「能力」があなたにはない（足りない）といった言いかたなら、いまでもじゅうぶん通用するにちがいありません。そう言われたほうは、そして、なにも言いかえせないにちがいない。

あらゆる差別がなくなったあとでも、たぶん、「能力」の名による差別だけは残るでしょう。その差別に抗することは、そして、ほとんど不可能でありつづけるでしょう。なぜなら、どんなにくだらない「能力」についてであろうとあなたが「無能」であるという「査定」は、あなたの全人格の否定となってあなたにのしかかるのだから。この力にあなたは抗しうるだろうか？　その「査定」を呑みこまないでいられるだろうか？　いられない、ばかりか、その「査定」をすこしでもよくしてもらおうと、「能力」向上のために自発的に努力したりしはしないだろうか？

『朝日新聞』九六年三月一日付の夕刊によると、首都圏に約一八〇の店舗網をもつ食品スーパーの労働組合（組合員約五〇〇〇人、うちパートが約千九百人）がパートの時給に「業績査定」による「あげ幅」の「格差」をつけよ（二、三円きざみで）と会社側に要求した。「一生懸命働く人も、そうでない人もいる。仕事の責任も重くなっているだけに、一円でも差をつけてもらう方がむしろ公平だ、と思う人が多くなっているのよ」と、「パート歴二二年」の中央執行委員は言ったそうです。一方、「同労組の上部団体、ゼンセン同盟（組合員五八万人、うちパートは六万人）によると、企業はパートの賃金に対しても能力や成績を重視する姿勢を強めている」とのこと。

「世の中」ついにここまで「進歩」したのか！「能力」や「業績」を「より客観的」に「評定」しうる「基準」の「開発」も日進月歩しているようです。ひとびとの「能力」信仰はますます強められていくことでしょう。わたしたちを支配し管理する側にとってこれほどつごうのいい状況はない。

「能力」を「査定」しその結果を呑みこませる。これほど巧妙な管理支配の方法はないでしょう。なにしろ、管理支配される者たち自身がこの管理支配を支えてくれるのだから。自分ではない者に「能力」を「査定」されることを受けいれるのは、その「査定」の結果を呑みこむのは、とりもなおさず、いまこのわたしたちを管理し支配している権力とそのからくりを肯定し支えることなのです。白井愛の言う「和の権力」をその内側から支えることなのです。だからこそ、それに足をすくわれるな、と白井愛は警告しているのです。でも、どのようにして?

先ごろ完結したわたしのシリーズ『ある無能兵士の軌跡』の主人公赤松清和は、「大日本帝国軍隊」という残虐非道な組織に強制的に組みこまれ、意に反して軍服を着せられはしたけれど、けっして、兵になる（ならされる）ことはなかった。つまり、はじめからしまいまで、彼は、自分を失うことなく、この組織の強大な圧力に抗して、組織の要求する「能力」を身につけることを拒み、自覚的に「無能」な兵でありつづけたのです。

一般に、ある組織のうちにいる者がそこで要求されている「能力」を持たないでいることは、それだけでもすでに、その組織の成員としての資格要件を欠くことになるでしょう。それだけじゃない。その存在そのものがその組織の客観的否定でもあるでしょう。そのような者は、したがって、その組織を維持機能させていく責任を負う側にとっては、たんに不要であるだけではない。その組織の健康に害をあたえる寄生虫として駆除すべき対象であるでしょう。まして、そのとき赤松清和が所属させられていたのは軍隊という組織だった。そこで「無能」であることは、ぜったいに許されない。

だからこそ、逆に、「無能」な兵でありつづけるという彼のこの選択は「大日本帝国軍隊」にたいする根底的否認でありえたのです。そこにおいてこそ、彼は、この暴虐非道な強大な組織にたいして根底的に抗いえたのです。白井愛の諸作品をつらぬくヒロインたちの「無能」に通底する魂がここに見られる。

白井愛のメッセージをしっかりと受けとろうではないか。「無能」だって? それがどうだってんだ! そんなもの呑みこむことないじゃないか!

2章 神話を欲しがるカエルたち

神話というイデオロギー装置

じつにさまざまな分野でさまざまな神話の崩壊が論じられ、あるいはその解体が希求されてきた。このような諸文献に共通する「神話」という語の用いられかたは、ところで、この語のもともとの語義においてではない。

もともとの語義における「神話」とは、この世界のあらゆる自然的・社会的・文化的現象の起源や存在論的意味を超自然的存在の関与の結果として象徴的に説明したもの、と言っていいだろう。しかもそれは、その神話を信奉して生きているひとびとにとっては、たんなる説話ではなく、この世界のありかたとそのなかでの自分たちの生きかたとに関する絶対的な真実を啓示する神聖な物語であり、したがって、ひとびとの日常生活をすみずみまで律する規範として機能する。

このような意味での神話が生きていてひとびとの生活を支配しているようなところは、この地球上に、いまではほとんど見られなくなった。神話がいまこそ民族のアイデンティティを確立するよりどころとなっている一部の民族のばあいをのぞけば。では、わたしたちのいまのこの社会にあって神話という語にはどのような意義が付与されているのだろうか？

おおむかしからであれ、そんなに遠くない時代からであれ、げんに大多数のひとびびとから絶対的なものとして信じられているけれども現実にはなんの根拠ももたない、といった諸命題がある。そうした諸命題によって構成される物語は、超自然的存在の関与の結果として根拠づけられているわけではないから、もともとの意義での神話ではないが、議論の余地なく絶対的に信じられていることにおいては、また、ひとびとの日常の生活を律していることにおいては、まさに神話そのものだ。絶対的に信じられているのだから、それが検証されることはありえない。

　そのようなものとしての神話の存在に着目したG・ソレル◆によれば、神話とは、ある社会集団が未来に関して抱いている信念の体系だという。そのような体系を構築しうるのは、ことの自然として、その社会集団を支配する者たちであるから、この定義はつぎのように敷衍することができるだろう。ある社会の支配階級が、自己の支配体制を維持しその目的を貫徹するためにひとびとの意識や行動をよりよく操作し組織しうるイデオロギー的基盤をつくりあげる。そのようなものとして創出された仮構的な未来像——政治的信念の象徴的な体系——が神話である。

　このようなイデオロギー装置を活用したのがナチ◆でありスターリニスト官僚◆であったことは、い

◆G・ソレル　一八四七―一九二二　フランスの社会思想家。革命的労働組合主義を唱道した。フランスの左翼国家主義にもイタリア・ファシズムにも思想的影響をおよぼしている。

◆ナチ　「国家社会主義ドイツ労働者党」の略称。一九三三年から四五年までドイツを支配していたファシズム政党。党首（総統）ヒトラー。国内では、ユダヤ民族の絶滅、あらゆる労働運動・左翼運動の撲滅といった政策を強行し、対外的には侵略戦争への道を突進した。

◆スターリニスト官僚　ロシア革命の簒奪者スターリンによる長期独裁政権下の官僚群のこと。

まではよく知られた事実だが、しかし、この種の装置を操作することにおいては現代の高度に発達した資本主義社会の支配階級のほうがはるかに優秀で、洗練された精緻な技術を獲得しえている、ということも、もう一つの事実だろう。とりわけ、このいまの情報化社会にあっては。

神話を欲しがるカエルたち

神話はつねにつくられている。日々新たに、新しい言葉によって。古い言葉による古い神話が廃れるころには、いつのまにか、新しい言葉による新しい神話が広がっている。はやりすたりは世のつね、神話もまた例外ではありえないということであるらしいが、ふしぎなことに、ここにひとつつねに新しいものがある。新しいという神話だ。これこそまさに神話のなかの神話ではないだろうか。わかものは、そして、つねに、無前提に、新しさの最先端にいて、先行する諸世代をバカにする。

戦後、この国では、かなり長い時期にわたって、なになにの遺制とか残滓とかいった言いかたがはやっていた。封建制の遺制をあるいは家父長制の残滓を払拭しなければならない、といったぐあいに。おなじように、神話もまた、とかく、古いものの残滓であると考えられがちだ。けれども、たとえば家父長制的家族関係が封建制の残滓であるどころか戦後日本資本主義にとって必要不可欠なものとして再生産されつづけたのであったように、現代のもろもろの神話もまた、現代の支配権力にとって必要不可欠のものとして、日々新たにつくりだされているのではないか？

とはいえ、そのようにしてつくりだされる神話がまさに神話として機能しえているのは、ひとびとがそれを受容しそれを生きている、という事実があるからだ。それだけではない。支配権力に抵抗するひとたちのなかからまたべつの神話が生みだされていく、という事実さえある。ひょっとしたら、ひとびとは、王サマを欲しがるカエルみたいに、神話を欲しがっているのではなかろうか。

白井愛の『悪魔のララバイ』◆のなかに「神隠し」という詩がある。みじかいものだから全体を引用しよう。

収奪ということばが消えた
わたしたちの列島から

列島の農民が
田畑も
牛も

◆**『悪魔のララバイ』** 径書房、一九九一、絶版

水も
魂も
まるごと
収奪されているときに

収奪ということばが消えた
わたしたちの列島から

列島の漁民が
海も
魚も
浜も
魂も
まるごと
収奪されているときに

収奪という「ことば」が消えたのは、そういう「ことば」がもうはやらない時代になったからだ。この「ことば」よりもっと正確な「搾取」という「ことば」をマルク◆スが創りだしたとき、それは、わたしたちのこの社会の構造を理解するための――それを変革するために！――まさにカギになるもの◆だった。そのキーワードですら、専門家たちの手垢にまみれ歳月に浸蝕されて、いまや、弊履《へいり》のごとく棄てさられようとしている。その「ことば」を創造的に駆使することによってこそわたしたちのいまのこの状況に切りこんでいかなければならない、そのときに！

　このような「ことば」をこのように棄てさるのは、第一に、専門家たちである。というより、マルクスによって実践的に創りだされた「ことば」が専門家たちによって経済学用語というジャンルの専門語と化さしめられたそのときから、この「ことば」の命運は定ったのだ。専門語には、はやりすたりがある。

　このような「ことば」を棄てさるのは、しかし、専門家だけではない。そのような専門家にたよりっぱなしの一般大衆だっておなじことなのだ。専門家たちが概念（記号）によってしか考えない習性を身につけてしまっているのとおなじように、

◆マルクス　一八一八―八三　「科学的社会主義」の創始者。現実の社会主義体制が破産してしまったので、彼の理論そのものが時代遅れなのだと、かるくいなされてしまいがちだが、古人の跡を求めず古人の求めしところを求めよ、このいまこそ、この資本主義体制の構造を根底的に解明しようとした彼の探求のしかたに、あらためて学ぶべきではなかろうか。

◆まさにカギになるもの　マルクスは、この「ことば」に資本主義制度の根本的からくりを解明する鍵としての役割をあたえた。この社会では、働く者（直接生産者）は資本家（生産手段の所有者）に自分の労働力を商品として売って生活している。資本家は、労働者を労働力の再生産（生活の維持）に必要な限度以上に働かせ、そこから生みだされる価値（労働の成果・剰余価値）を自分のものにする。「利潤」と言われるものを生みだす源泉がこの「剰余価値」なのだ。

一般大衆は、自分自身が生きる現実からつむぎだした「ことば」によって自立して考えるのではなく、専門家のつくりだした流行の専門用語（の生かじりの理解）にたよってしか考えることができなくなっている。

ある未知の不可解な現象に名辞があたえられると、ひとびとは、もうそれで安心して、わかったような気になってしまう。ばかりか、以後はそのあたえられた概念を操作することによってしか考えようとしない。たとえば、「ストーカー」という名辞があたえられると、安心して、現実のさまざまな人間のさまざまに具体的な心理や行為を、すべて、その概念をもとにつくりあげられた図式にあてはめて解釈する。これこれは神話にすぎない、と言われただけでもう安心してしまって、それがなぜ神話にすぎないのかを具体的に追究する作業などやめてしまう。これこそ、しかし、思考の怠慢、いいや、思考の停止ではないのか？　ひとびとのこのような態度、このような習性こそが、現代のもろもろの神話の存立基盤となっているのではないだろうか？

自立したシロウトと専門家との同盟

とはいえ、この高度に専門化した社会にあってひとりの個人がすべてに通暁することなど事実上不可能だ。わたしたちは専門家とシロウトに分断されている。そして、専門家だけが、事物や現象に定義をあたえる権利を持っている。たとえば、久野収が指摘していることだが◆、旅客用航空機の定義を定めるのは、つまり、旅客機とはなんであるか、どのような条件を充たせば旅客機でありうるのか、それを現実に定めるのは、旅客機の乗客ではない。概念の定義は、すべて、専門家の手に独占的に握られている。

専門家は、では、どのようにしてその定義を定めるのか? 旅客機の定義を定めるのは、航空機の生産会社や運行会社に直接間接にかかわりのある専門家たちであるから、とうぜんのことながら、そこで考えられていく旅客機の「機能概念」には「安全性」だけでなく「競争性」とか「経済性」とかいった要素が「大きく介入してくる」だろう。もちろん「乗客あっての航空機だから、乗客を顧慮しないわけではない。しかし、この顧慮は、あくまで札束のかたまりとしての不特定多数の乗客という抽象的一般概念であって、一人一人の乗客すべてという総体概念ではない。抽象的一般的概念が、平均概念にまで頽廃するのは、統計的一般概念が示すとおりである」。

とするなら、旅客機の「機能概念」が「安全性を最大限とする限界概念ではなく、平均概念で考えられるようになるのは、ごく自然の勢い」であるだろう。であるなら、ことの必然として、航空機事故は「くり返してはならぬ一回的事故としてではなく、くり返される

◆久野収が指摘している 「独占批判の論理学」、『市民主義の成立』春秋社、一九九六、所収。以下の引用はこの本から。

災害として、平均概念で考えられてくる」。だったら、航空機事故発生の平均値は自動車事故の平均値より「低い」ではないか。

「人間の知力とは」と、久野は結論的に述べている、「さまざまな一般概念をうまく創り、うまく使いこなす能力である。一般概念は、限界概念、平均概念、標準概念、共通概念、その他いろいろに分れる。『事故』に平均概念を適用して処理するのは、一般概念の悪用であって、知性のソフィストリー（詭弁化）として、知性能力のもっとも狡知にたけた悪用であるといわなければならない」。

「ではどうすれば知性のこの詭弁化を防止することができるか」という問いを発して、久野は、「シロウトと専門家との新しい同盟以外に方法はない」とみずから答えている。では、「専門家の専門的知識、機能概念がシロウトの安全のために徹底的に活用」されうるような「同盟」を、どうすればつくりあげることができるのか？

「ラルフ・ネーダー◆の場合は、そのひとつのモデル・ケースである」と久野はのべているし、わたしたちのこの国にもそのような例が皆無ではなかった。とはいえ、それは、依然として、至難のわざでありつづけるだろう。ただ、もしそのような幸運な同盟関係が成立しうるとしたら、それは、専門家の側とシロウトの側との双方がそれぞれに自立した開かれた姿勢をもちえている、そういうばあいにかぎるのではあるまいか？

しかし、自立したシロウトと専門家との「同盟」を成立させえたからといって、わたしたちのこの世界を覆っているさまざまな神話の神話であるゆえんを解明しつくすことは、まだ、そうとうにむつかしいだろう。水俣《みなまた》のばあいひとつだけでも想起してみるがいい。原子力発電所の安全性をめぐって建設推進派と反対派との認識のへだたりがどこから生じているかに思いをいたしてみるがいい。

原発はぜったいに安全だ、と動燃◆関係者がかりに信じていたとしても（そうとはどうも思えないのだが）、そういう信念に建設予定地の住民を同化させることは、いま、現実には不可能だろう。安全性へのぜったいの信頼はすでに崩壊しているか、すくなくともゆらいでいるのだから。だからといって、しかし、原発の安全性という神話はすでに崩壊した、と言っていればそれでいいってものでもなかろう。だいいち、神話は崩壊するものではないのだから。神話が崩壊しなければその呪縛から解放されないというのなら、わたしたちは永遠に解放されえないことになるではないか。

◆ラルフ・ネーダー　一九三四―　アメリカの弁護士。消費者を護るための市民運動を提唱し、弁護士のグループを組織して、政府や大企業を相手に法的たたかいを推進した。
◆動燃　「動力炉・核燃料開発事業団」の略称。動力炉の開発と核燃料サイクルの確立を目的として技術開発を行うために設立された特殊法人。

神話の呪縛から解放されたいのなら

神話の呪縛から、もし、わが身を解き放ちたいのなら、それが神話であることを解明あるいは検証するだけでは不充分だ。神話そのものは、それがいかに根拠のないものであるかを解明しつくしたところで、崩壊することはない。なぜなら、現実に根拠のないことそのものが神話の成立要件の一つなのだから。問題は、だから、神話のもう一つの成立要件にかかわっている。信じられるから、それは神話でありうるのだ。言いかえれば、ひとびとが神話を欲しがるから神話が生れ、神話が支配するのだ。

「ある呪縛の構造があきらかにされたからといって、じっさいにそれから身をもぎはなしうるとはかぎらない。反対に、ますます深くとらえられてしまうことさえある」と、かつてわたしは書いた。男たちが女たちがわが身に刷りこまれた性意識の呪縛からどのようにして解放されうるのかを問題にした文章のなかでだ。右に引用した箇所につづく部分も引いておこう。

（前略）大多数の女たちが——男たちについてはいまさら言うまでもなかろう——いぜんとして呪縛から身をもぎはなしえないでいるのは、身をもぎはなすことの危険を本能的に察知しているからではないのか？

なぜなら、この呪縛とは、たんなる性意識の領域においてのみひとびとをとらえているのではないからだ。わたしたちのこの社会の、そこに生きさせられているわたしたちのこの日常のどんな片隅にあっても、それは、わたしたちの生をまるごととらえているのだ。まさに、のがれようもなく。
それから身をもぎはなすのは、だから、自分のこの日常の生を、つまり自分の生きかたそのもの——みんなとおなじようなことを、みんなとおなじように、みんなといっしょにやっている——を、まるごと否定することになる。そんなことをする者はわたしたちのこの日常そのものから、この日常を構成している「みんな」から追放されてしまうだろう。
そのことを承知のうえで、つまり、わが身にふりかかってくるかもしれないあらゆる危険や災厄をみずから身にひきうけつつ、すぐれて個人的行為としてなされないかぎり——たとえみんなといっしょにであっても——どのような呪縛からの解放もなしとげられることはないだろう。

（「素朴な疑問」、『あけぼの』誌一九九三年七月号）

この文章につけくわえるところがあるとすれば、つぎの一点につきるだろう。魂の叫びがなければ、「この世界をこのわたしを変えなければわたしは生きられない！」

という魂の奥底からほとばしりでる叫びがなければ、この世界を、このわたしを、ほんのわずかでも変えることなどできはしないだろう。

(一九九七・一・三一)

3章

どこでどのように
たたかい
なにをどのように
失ったか?

かんたんに図式化するな！

まことに穏当な感想をこの映画にかんして表白しているまことに良識的なひとのつぎのような文章を読まなかったなら、ぼくは、この映像作品について発言しようという気にはならなかったにちがいない。

このところ、民族や宗教対立を背景とする凄惨（せいさん）なユーゴ内戦を追い続けてきた。そのためか、同じ内戦とはいえ、自由や理想の実現のため命を賭（と）して戦う若い人々を描いたこの映画から、さわやかな感動を覚えた。この二つの内戦の質の違いはなにによるのだろうか。反ファシズムの旗じるしのもとに、理想を求める個々人の国際的な連帯が容易だった一九三〇年代と、ソ連や東欧諸国の社会主義が崩壊し、排除の論理だけが優先され理想を描ききれない冷戦後の九〇年代という時代の違いが大きい。（中略）今日の内戦に見られる共通の特徴は個々人の孤立化が進み、共同で理想を追求するのが困難なことであろう。

ローチ監督はこの時代にあえて、記憶すべき歴史としてスペイン内戦を取り上げ、理想追求の意志を持続させる必要性を訴えている。たしかに、自らの意志で義勇兵となり、自由と公正な社会を求めて戦う若い人たちの姿は、時代を超えて共感を呼ぶ。

「大地と自由」は青春映画だ。スペイン内戦に見られた絶対自由や自主管理の思想が実現されている国として、ユーゴに関心を持ち始めた三十年近く前のことが、ほろ苦い思い出とともによみがえってきた。

（柴宜弘「理想と連帯が結びついた時代」『朝日新聞』一九九七年二月一七日夕刊、傍点は引用者）

いまのこの時代に見あった「公正」な見かたがほどよく組みあわされている。歴史は、おそらく、このような叙述によってつくられていくにちがいない。

それにしても「理想を求める個々人の国際的連帯が容易だった一九三〇年代」だの「排除の論理だけが優先され理想を描ききれない冷戦後の九〇年代」だのって、よう言うよ！　きわめて具体的ですぐれて人間的なもろもろの希望と苦悩にみちた二つの年代を生きる人間たちの、とことん個人的でどうしようもなく人間的なさまざまな希望と苦悩にみちた行為のかずかずを、こんなふうに整然と要約された「時代の違い」などに解消されてたまるものか！

一九三六年の七月からほぼ三年にわたって、人民戦線のスペイン共和国◆をファシストの攻撃から

◆**人民戦線のスペイン共和国**　人民戦線とは、ファシズムと戦争に反対するひとびとが、所属政党のちがい、階層のちがい、思想信条のちがいをのりこえて、共通の目的のために広く手を結びあってつくりあげた連合戦線のことを言う。スペインでは、一九三六年から人民戦線が政権についたが、その直後に、フランコを中心としたファシストによる反乱が起り、共和国を擁護する勢力とのあいだで烈しい内戦がたたかわれた。

護るための戦いに世界の各地から多くのひとびとがやってきてともに戦ったことは事実だ。この映画が伝えようとしているのも、まさに、そのひとたちがどのように戦ったかなのだ。

そのひとたちが「自らの意志で義勇兵とな」ったことも事実だろう。だからといって、しかし、それらのひとたちのひとりひとりが、それぞれ、どこからどのような動機あるいは理由でやってきて、どこでどのように戦い、なにをどのように得、なにをどのように失ったのか、といった、それぞれにどこかでことなりながらもそれぞれにどこかで重なりあってもいるようなもろもろの人間的事実を、「自由と公正な社会を求めて戦う」とか「自由や理想の実現のため命を賭（と）して戦う」とかいった概念的表現でくくってしまっていいのか？　なにが悪でありなにが善であるのかをかんたんに図式化できないこのうえもなく複雑な状況のもとでの、永遠に答えることの困難な、正解などたぶんありえないような、そういう問いかけを、ぼくはここから受けとったのに、そのおなじところから「さわやかな」感動をおぼえたとは、いったい、なんだ！

このように無邪気な図式化をなしうるひとだからこそ、彼は、「三十年近く前」の「ユーゴ」を「スペイン内戦（市民戦争）に見られた絶対自由や自主管理が実現されている国」と見なして「関心」を持つことができ、そしていま、そのことを「ほろ苦い思い出」として回顧することもできるのだろう。そういったことがどうしても気になって、ぼくは、十年ほどまえに、つぎのような文章を書いている。

(前略)個々の人間にかかわる生と死の問題を、歴史的・客観的叙述は通常無視する。それは必要不可欠な非情さなのであるかもしれないし、多くのばあいそう考えられてもいる。だが、ときには、それは、この種の叙述のうちに捨象されてしまった個々の具体的存在としての人間にたいする根源的無関心の開示であることもあるようだ。というよりむしろ、わたしたちがそのような文体で書くことに慣れていくていどに応じて、わたしたちのうちから、個々の人間の運命にたいする関心がうすれていく、といったからくりが、この歴史的・客観的叙述というやつのうちには、はじめからあったような気がしてならない。

(『兵はどのようにして殺されるのか』)◆

◆**世界の各地から多くのひとびとがやってきてともに戦った** 文字どおり世界中から、ファシズムに反対するひとびとが自発的にやってきて戦列に加わった。ヘミングウェイの『誰がために鐘は鳴る』もオーウェルの『カタロニア賛歌』も、そのたたかいのなかから生れたのだ。

◆**『兵はどのようにして殺されるのか』** 上下巻、柘植書房新社、一九八七

革命にもっとも忠実だったひとびとが「粛清」された

一九三六ー三九年のスペインへ世界の各地からファシストと戦うためにやってきたひとたちは、どこでどのように戦い、どこでどのように敗けたのか、そのことを物語るためにローチ監督が選んだのは、アラゴン戦線で戦うPOUM◆の民兵隊に参加したイギリス共産党員デヴィッドの生の軌跡だ。なぜなら、そこにおいてこそ、この内戦におけるもっとも悲劇的な状況が開示されるであろうからだ。

デヴィッドがスペインにやってきたのもPOUMの民兵隊に加わったのも、ある意味では、偶然によってだ。リバプールで失業中だった彼は、たまたま、スペイン内戦（市民戦争）への参加を呼びかける集会に触発されて、出発する。なんらかの組織に送りこまれてではなく、自発的に、だから、やみくもに、あてもなく。ピレネー山脈を「自分の足で越えて、やっとのことで密入国、靴は破れ、足は豆だらけ。死ぬほど怖かった」（デヴィッドから恋人キットへの手紙、上映用パンフレット所収の「シナリオ」から）。POUMに加わったのは、バルセロナへ向う列車のなかでたまたま出会った連中がその民兵だったからだ。

デヴィッドは、アラゴン戦線のPOUM系民兵隊に参加する。隊長のクーガンはアイルランド人で、ＩＲＡの出身だ。隊員には、十一年も船に乗っていた元甲板長《ボースン》（スコットランド人）もいればパン職人だったドイツ人やとことん貧しいスペインの村娘、イギリスでメイドをしていた娘（これもスペイン人？）などもいる。フランス人やアメリカ人もイタリア人もいる。共通語はスペイン語と英語。

隊には、ろくすっぽ武器はない。あっても、おんぼろばかりだ。シラミにたかられている。食事は「パンと豆だけだ」。だが、みんな、陽気で、話好きだ。ふつうの軍隊のような敬礼などない。みんな対等の戦士たちなのだ。「女性が料理係」だが、「彼女らも銃を持って戦う」。隊長は投票で選ぶ。

戦意は旺盛だが、戦線は膠着状態だ。塹壕を掘り、歩哨に立つだけの毎日。寒い。

「その上に冷たい雨とぬかるみ。（中略）何もしてない時が一番つらい。果てしない政治論で時を過ごす。ファシストと戦うために来たのに……」

（デヴィッドの手紙）。

ようやく、戦線に動きが出る。デヴィッドの隊は「敵地の村を解放」した。だが、この戦闘で、クーガンが死ぬ。村の女二人を盾にして教会から出てきたファシスト兵を狙撃しようとして「弾丸

◆アラゴン　スペインの東北部にある地方。
◆ＰＯＵＭ　「マルクス主義統一労働者党」。左派共産主義の労働者政党で、市民戦争におけるもっとも重要な左翼政党であったが、のち、スターリニスト陣営から残忍非道な弾圧を受けた。
◆ＩＲＡ　「アイルランド共和主義軍団」。イギリス（イングランド）の支配からの独立を目指すＩＲＢ（アイルランド共和主義同盟）の軍事組織。
◆敬礼などない　内戦とはいえれっきとした戦争だ。そのなかで戦っている戦闘集団なのだから、これは軍隊そのものだ。なのに、そこには、軍隊とはこういうものである（べきだ）という牢固とした常識をじっさいの行動によって根底から変革していこうとする具体的ないとなみがあったのだ。

をよこせ！」と叫ぶクーガンに、村人をまきぞえにするのかとデヴィッドが抵抗したために、撃たれてしまったのだ。

解放された村の旧地主屋敷の大広間で、これまで一握りの大地主に支配されてきたこの村を自分たちの手でどうたてなおしていくのかについて、村人たちと民兵たちがいっしょに討議する。◆この討議の過程で、あえて図式的に言えば、社会革命を優先するか内戦での勝利を優先するか、という路線の対立が浮き彫りにされていく。

すべての農地を共有にして全員で平等に耕作し収穫物を平等に分ける、というのが前者の方針だ。農地の集団化と呼ばれる路線である。これにたいして、後者の主張は、要するに、その理想が実現される以前に殺されてしまってはなんにもならない、というにつきる。そのためには、だから、あまりに過激な改革によって味方の陣営の団結を乱したり支援勢力を躊躇させてはならない。この村のこの討議では、革命推進派が勝つ。そのけっかこの村がどうなっていったかは描かれていない。

その後まもなく、新入りの若者たちに銃の撃ちかたを教えていたデヴィッドの銃が暴発するといった事故がおこり、彼は後方の病院に入院する。

退院して、バルセロナのＰＯＵＭ関係者の定宿にやってきたデヴィッドを、そのころにはもうたがいに愛しあうようになっていたブランカが待っていた。思いがけない再会。二人はこの夜結ばれる。

翌朝、目覚めたデヴィッドが窓の外の騒ぎに気づいてバルコニーに出てみると、街では共和国の「突撃警備隊」が「ファシストの手先」を逮捕連行している。「ファシストの手先」とは、しかし、POUMのメンバーやアナキストたちのことだった。

このとき、デヴィッドが民兵隊を脱退し「人民軍」（共産党の主導下にある共和国正規軍）に入隊していることを、ブランカが知る。怒って去るブランカ。

この二つのシーンはほとんどだぶらんばかりに連接している。そして、あきらかに、一九三七年の五月にバルセロナで現実におこったできごとをふまえている。

反ファシズムの旗印を掲げて戦っていた共和国陣営の内部でじつはさまざまな政治勢力が主導権を争って二重にも三重にも対立していたことは、いまでは知られている。なかでも深刻だったのは、コミンテルン◆の支配下にあったPCE◆と、アナキスト◆系のCNT◆や、こんにちの言葉を用いるなら「反スターリニズム」のゆえに共産党からは「トロツキスト」と呼ばれていたPOUM◆との対立で

◆**村人たちと民兵たちがいっしょに討議する**　こういうことがこの地球上で現実にありえたのだ――たとえ、ほんの一瞬のような短い時間ではあっても――という事実が、このいまの世界のこの現実への絶望のなかに、一条の光を射しこんでくれはしないだろうか？

◆**コミンテルン**　「共産主義インターナショナル」の略称。一九一九年、レーニンが創設した国際的労働者組織。強固な国際的規律をもって中央集権的に各国の共産党を直接指導した。

◆**PCE**　「スペイン共産党」。一九三一年、第二共和国誕生の時点での党員数は八〇〇人。

◆**アナキスト**　無政府主義者。アナキズム（無政府主義）とは、国家をはじめすべての政治的権威を否定して、完全に自由な社会の樹立を理想とする政治思想のこと。

◆**CNT**　「全国労働連合」。アナキスト系労働組合の連合体。二〇年末の時点での組合員数は一〇〇万を突破していた。

◆**POUM**　マルクス主義統一労働者党。六七ページの注参照。

あった。この対立にあっては、イギリスやフランスの「不干渉政策」とは対照的にとにもかくにも唯一の支援国となっていたソ連からの武器援助を背景にして、共産党がしだいに影響力を強めていった。

こうした内部対立がついに公然たる武力衝突にまで発展してしまったのが、一九三七年五月のバルセロナにおいてであった。内戦中の内戦と言われるこの市街戦のけっか共和国陣営における政治的・軍事的主導権を掌握した共産党は、以後、集団農場や集産化企業の解体とともに、POUMやアナキスト組織の非合法化とその指導者たちの「粛清」(逮捕・監禁・拷問・処刑・暗殺)を強行していく。

映画のなかで、デヴィッドは、このバルセロナの市街戦では「人民軍」に所属してCNTと戦うのだが、反ファシズムという共通の旗のもとに戦っている「同志」であるはずの者たちの「内部抗争」にはほとほとうんざりし、「将棋の駒のように労働者を利用」する共産党に幻滅して、イギリス共産党の党員証を破りすて、アラゴン戦線で戦っているPOUMの仲間のもとに帰る。

仲間たちはその彼をあたたかく迎えいれてくれたが、POUM民兵隊の周囲の状況はすっかり変っていた。共産党主導の「人民軍」への参加を拒否したために、武器の補給は完全に断ち切られた。敵陣に果敢な攻撃をかけいったんはこれを奪取した彼らが敵の逆襲にあって苦戦していても、「本部」は、民兵隊長の必死の要請を無視し、約束してあった援軍を送ってこない。

多数の負傷者を抱えながら撤退した民兵隊のまえに、「人民軍」のトラックが到着し、大勢の兵士たちが降り立つ。「いまごろあらわれやがって！」と悪態はつくものの援軍であることをつゆ疑っていない彼ら民兵たちのまえに完全武装で整然と展開した「人民軍」の指揮官は、民兵隊の武装解除と隊長ビダルをはじめＰＯＵＭメンバー四人の逮捕を通告する。

「なぜだ！」とつめよるビダルや隊員に、「人民軍」部隊の指揮官は、ただ、「ＰＯＵＭは非合法組織だ」「ＰＯＵＭの指導者は逮捕された」としか答えない。「理由は？」となおもつめよる民兵に、指揮官は、ついに、「ファシスト及びフランコに内通したからだ」と言いはなつ。おきまりのロジックだ。このロジックによって、革命にもっとも忠実であったひとびとが「粛清」されてきたのだ。

あまりの暴言に、ＰＯＵＭの兵士たちは口々に抗議する。怒りをぶちまける。「人民軍」の指揮官は、背後に展開した部下たちに「発砲準備」を命ずる。兵士たちがいっせいに銃をかまえる。

思いがけない展開に動揺するＰＯＵＭのメンバーたち。何人かが銃をかまえるのを、ほかの民

◆唯一の支援国となっていたソ連　フランコの反乱を強力に支援したのが、ドイツとイタリアだった。イギリス政府はフランコに同情的だった。フランスでは、人民戦線が政権の座についていたのに、けっきょくは「中立」にまわった。ソ連にしても、支援の態度を当初から明確にしていたわけではなかったが、ともかくにも一定の援助はおこなっていた。

兵が必死になだめる。隊長ビダルが、決意して、自分のピストルを地面に置く。
隊員たちが置いた銃を女隊員マイテが「体中で怒りを表しながら」集めはじめる。だが、あくまで銃を棄てようとしない者もいて、棄てさせようと説得する者ともみあいになる。

混乱のなかで、銃声。「人民軍」の威嚇射撃。これに呼応するかのように民兵側からなされた威嚇射撃。これを止めに走るブランカの背中を銃弾が貫いた。なおも数発の銃声。ブランカは死ぬ。スペイン革命のもっとも気高い戦士、胸底に深い哀しみを秘しながら不屈の闘志をもやしつづけた、のびやかでしなやかな、だれもが愛さずにはいられなかった、この美しい娘が。

永遠にあらたに 問いなおされるであろう問いかけ

ローチ監督のこの映画は、POUMやアナキストにたいするコミュニスト（スターリニスト）◆の非道を迫真的に伝えている。これは、共産党無謬《むびゅう》◆神話にたいする根底的批判だ。共産党のみが正しかったのだといまだに信じこんでいるひとたちには、ぜひとも、この映画を観せたいものだ。だからこそ、しかし、ファシズムの非道に抗してたたかっていたほかならぬその陣営の内部でなぜこのような非道がおこなわれたのかを、ローチ監督は、もっと根底的にあきらかにすべきではなかったか？ 共産党がいかに非道であったかはよく描かれている。が、なぜそうであったのかは描かれていない。

この映画はけっきょくもうひとつの図式主義に陥ってしまったのではないか？ これまでのスペイン内戦（市民戦争）ものが「《反乱軍すなわち悪、共和国軍すなわち善》という、きわめて短絡的な視点でつくられ」◆ていたのにたいして、これまでほとんど語られてこなかった反ファシズム戦線の暗部に照明をあてようとしたところにこの映画の意義がある、ということはたしかだが、その結果がコミュニスト（スターリニスト）をア・プリオリに悪玉としてPOUM・アナキストをア・プリオリに善玉として描くことでしかなかったとしたら、むなしすぎるではないか。共産党無謬神話にたいして、正反対のもう一つの神話を対置させるだけでは、スペイン内戦（市民戦争）という悲劇的な過去をぼくらがほんとうに知る手がかりにはならないのだ。

◆**コミュニスト（スターリニスト）** ほんらい、この両者は同一ではないはずだ。コミュニストとはあくまでコミュニズム（共産主義）を思想的信条とし共産党員として活動する者のことなのだから。ただし、この時期の国際共産主義運動にあっては、ほとんどすべてのコミュニストがスターリニストであったし、あらざるをえなかった。

◆**共産党無謬神話** 他のどんな政治組織が政治的思想的に誤りを犯そうとも、共産党だけは、唯一、絶対にそのような誤りを犯さなかった、という思いこみ。要するに、共産党はいつでもどこでも絶対に正しかったのだという歴史の総括のしかたのこと。

◆**きわめて短絡的な視点でつくられ** 逢坂剛「スペイン内戦を見る」。この映画の上映にあたって作成されたパンフレットのなかの文章。

問題は、おそらく、二つある。一つは、基本的な敵＝ファシストが明確に描かれてはいないことだ。もう一つは、それについては正解などたぶんありえないばかりか無限の罠がそこにしかけられているような永遠の問いかけが、まさにそのような問いかけとして追究されてはいないことだ。

まず、一つめの問題について考えよう。シナリオをよく読んでみると、フランコ軍の攻撃から共和国を護る反ファシズムの戦いという基本的な構図を字幕やデヴィッドの手紙などによって適時に示すという配慮は、たしかにうかがわれる。にもかかわらず基本的な敵が明確に示されていないという印象はぬぐえない。ローチ監督は、しかし、わざとそうしているのだ、と、たとえば、尾崎宏次は言う。

ローチという人は、過去を描いたのではなかった。過去を描くだけならば、もう少し解決の道をさぐったことであろう。かれは現代を描いた。過去にみつめられる時が、ローチという人の主題であったろうと思った。その「時」をひきだすために、かれは闘いの場に敵軍をつれだしてくる必要をまったく無視した。

（尾崎宏次「過去にみつめられる時」）◆

そうではあるまい。「過去にみつめられる」現在を描くためにこそ、スペイン内戦

（市民戦争）というこの具体的な状況にあっては「敵軍をつれだしてくる必要」がとりわけあったのではないだろうか？　なぜなら、ローチ監督がこの映画のなかでこのうえもなくリアルに描きだすことによって糾弾している、ほかでもないまさにコミュニストのこの非道のゆえに、「敵軍」はあまりにも容易に「勝者」となり、そのけっか、ほかならぬコミュニストをもふくめおよそ反ファシズム勢力とのかかわりを疑われたひとびとは、ほとんどすべて、フランコ政権によって肉体的に殲滅されることになっていったのだから。

スペイン内戦（市民戦争）で人民戦線側の軍人として戦いファシストから追われると同時にコミュニストからも命を狙われ内戦がまだつづいていた一九三八年に亡命せざるをえなくなったラモン・センデール◆が一九五二年に書きあげたたぶんに寓話的な小説『スペインのある農夫へのレクイエム』◆は、映画のなかの「解放された村」とおなじアラゴン地方のある村を舞台におなじスペイン内戦（市民戦争）の時期に時をとって、スペインの農夫たちの持つ「最良の精神、最も気高い心――スペイン内戦の中で、確かに輝いたもの――の象徴である」◆パコのみじ

◆「過去にみつめられる時」　これも、映画上映にあたってつくられたパンフのなかの文章。

◆ラモン・センデール　スペインの作家。一九〇一―八二　内戦中の三八年、メキシコに亡命、四二年にアメリカに移り、執筆活動を続けた。

◆『スペインのある農夫へのレクイエム』　センデールがこの作品を書きあげた一九五二年、彼の作品は、スペイン国内での出版は許されなかったので、まずメキシコで出版された。スペイン国内でこれが出版されたのは、一九七四年、フランコ総統の死の一年前になってからである。浜田滋郎訳、西和書林、一九八五。

かいが鮮烈な生と、彼をめぐる村人たちや有力者たちやとりわけ彼を愛し彼の魂の導師でありながら彼をファシストに売った神父モセン・ミリャンなどのそれぞれの生との、のっぴきならない交錯のありようを通して、ぜったいにあのときあのところでの具体的真実でありながらそれゆえにこそぜったいに普遍的でありえた真実を、みごとに描きだしている。

この作品に描かれたのは、まさにスペインの農村ならどこにでもあっただろうひとつの悲劇だ。四百年も前から、農業国であるスペインの国土の九七、九八パーセントは、人口のわずか二、三パーセントしか占めていない国王・貴族・大地主に所有されており、農民たちは賃料を払ってその土地を借りて耕す小作農であった。内戦のおこる一九三〇年代には、その小作地すら持てない極貧農が二〇万人をかぞえたという。

一九三一年、そのスペインに共和制の政府が樹立され、貴族や大地主や教会などの強大な権力を制限する改革路線がとられるようになると、ながいあいだ圧制に苦しんできた農民たちが活気づいてきて、自分たちが耕し生活している土地は自分たちの手に握ろうとした。この小説のなかにも、そのようすがいきいきと描かれている。共和政府成立の直前におこなわれた村の選挙で当選した村会議員は、「そろって若く」「下層階級に属して」いた。つまり農地改革派ばかりだったのだ。

村の大地主たちは、いったん町へのがれてまきかえしの策謀をねり、そのけっか彼らが村に「連れてきたのは——少なくとも、彼らの暗黙の了解に力を得て村に現れたのは——不吉なよそ者たちであった」(浜田)。「棒とピストルを持った」これら「金持ち風な若者の一団」こそファシストたちにほかならなかった。彼らは、さっそく、テロを実行に移す。まっさきに標的にされたのは、やや孤立ぎみの、なんとなく疑似インテリくさい、情報通の靴屋だった。つづいて六人の農夫が殺された。彼らはすべて村はずれの岩場の「洞窟住まいの者」つまり小作すらできない極貧農であった。農地改革にもっとも積極的で、不在地主(公爵)の所有する牧草地の返還をだれよりも強硬に要求してきたパコは、危険を察知して、岩場の一角に身をひそめる。その隠れ場のありかを、司祭のモセン・ミリャンが、うっかり、ファシストにあかしてしまう。パコを売ろうなどという気持ちはまったくなかった。神父はパコを愛していた。だが、彼流に、神の名において。

パコは殺される。さいごまで、自分よりも他人のことを思いやりながら。「キリストのように」(浜田)。内戦のおこった年のことだ。一年後、司祭は、パコのためにレクイエムをとなえようと、祭壇をととのえ、村人たちの参集を待っている。だが、だれも来ない。来たのは、いずれもパコを殺させた張本人である三人の地主だけだ。彼らとだけこのミサをとりおこなうことは拒否して村人を

◆最良の精神……の象徴である　『スペインのある農夫へのレクイエム』に付記された訳者浜田による「解説」より。以下「浜田」と略記。そのほか、とくに注記のない引用は小説の本文から。

待ちつづける神父の脳裡に、幼いころからかわいがってきたパコの生前のいきいきとしたおもかげがつぎつぎに甦っていく。

この神父を、センデールはけっして厳しく糾弾してはいない。もちろん彼は「人間が持ち得る最も良い感情の純粋な理想化と呼んでいいパコ」を裏切った。そのことへの「後悔の念にさいなまれながらではあれ、彼はぬくぬくと生きつづけている」（以上、浜田）。彼がパコのためにとなえようとしたレクイエムに、村人がだれひとり姿をあらわさない、その「がらんどうのままの教会」は、その彼に作家がくだした罰であるだろう。だが、村人たちにしたしまれてきたこの人間味ゆたかな司祭がパコを裏切ってしまうにいたる事情をのべる作家のペンには、むしろ、この神父における「ごく一般的な感受性と良識」（浜田）、人間としての「ごく一般的な弱さ」（浜田）にたいするじゅうぶんな思いやりすら感じられるほどだ。

村人たちをも、センデールは、けっして、たんに美化してはいない。彼らのすぐれて民衆的な美質を、その「分別と感受性」（浜田）を、的確に描きだすとともに、最下層の存在にたいする侮蔑あるいは無関心を支配階級と共有してしまう彼らの弱さからも目をそむけてはいない。

この小説でも、「金持ち風な若者の一団」をのぞいて、民衆にとっての敵の姿が直接描かれてはいない。けれども、敵の存在は、いたるところに、ありありと感じとられうる、村人たちの恐怖や憎悪や苦悩や諦念や歓喜や悲痛や誠実や背信のうちに、その彼らの日常の暮しのいたるところに。この小さな村の小さなエピソードのなかに、センデールは、敵を明確に描いているのだ。

センデールはこう語っているそうだ。「内戦の責任はスペイン人一人ひとりにあります。ある人は行動によって、ある人は行動の回避によって」◆。

内戦に勝利したあと、フランコ政権は、コミュニスト（スターリニスト）のなした以上にすさまじい殺戮を、スペイン全土でくりひろげた。内戦中にフランコ側のテロによって殺された二〇万人ものひとびとに加えて、内戦「終結」後にも、さらに二〇万人が逮捕処刑されあるいは獄死したという（浜田）。なにしろ、反対者を沈黙させるもっとも有効な手段は殺しつくすことであるという古来の知恵をフランコほど完璧に現実化した独裁者もめずらしいほどなのだ。

映画のなかのあの村であれほど素朴に民主的な討議を重ねて農地の集団化を決定した村民たちも（あのような光景がたとえ一時期であれこの地球上で現実にありえたこと——ぼくはそう信じる——に、ぼくは感動している）フランコが勝利したあとでは殺されるか投獄・拷問されるかしたにちがいない。

この映画で描かれたようなコミュニスト（スターリニスト）の暴虐非道は、そのこと自体におい

◆**内戦の責任は……回避によって**　引用は野々山真輝帆著・訳編『スペイン内戦と文学』彩流社、一九八二、から。

てまぎれもなく非道であったが、まさにそのことによってこのようなフランコを勝利させてしまったその責任の重大さは「共和国が反乱軍の前に敗北した責任の一端も、コミュニストに帰せられる」◆などといった程度では、とうていありえまい。

スペイン内戦(市民戦争)においてコミンテルン指導下の各国共産党が犯した罪は、たんに、ソ連という国家の国家エゴ(一国防衛を軸とした外交戦略)による内戦の利用に荷担したこと、反ファシズム戦線内部の政治的対抗勢力を「粛清」したこと、にとどまるものではない。なによりも大きい決定的な罪は、そのようなことをまさに国際共産主義の名においてなしたことにある。

どんなにひどいことであろうと「やつら」ならやるだろうとぼくらが考えていることを「やつら」がやったところで、そのことのひどさにたいして、ぼくらは、怒り、糾弾しはするが、それを「やつら」がやったということについては、おどろいたりはしないだろう。しかし、「やつら」ならやるだろうことを絶対にやらない、やるはずがない、と考えられている者たちが、「やつら」ならやるだろうようなことを、いや、それ以上にこのぼくにとって受けいれることのできないようなことを、「やつら」ならやるだろうことをこの地上から消滅させるという「大義」の名によって、やっていた(いる)としたら?

まさにこのような罪を、今世紀のソヴィエト社会主義共和国連邦の指導者たちは、そして、その指導者たちを指導者たらしめてきた民衆は、犯したのだ。この二〇世紀を人類史上またと見られない幻滅の時代と化さしめたことにおいて、彼らの責任は、だれよりも、なによりも重い。

まさにそのような罪を、このたぐいの指導者たちとそれにしたがうそれぞれのレベルのひとたちが、ソ連邦以外のところで、国際的規模で、はじめて犯したのが、スペイン内戦（市民戦争）という場においてであったのだ。その意味では、一九三六―三九年のスペインは、こんにちまでつづく、二〇世紀のあらゆる悲劇のまさに原形であったのだ。

いや、この映画のなかで提起されている問題はもっと深い。というより、ここには、人類がいまだに解決しえないでいる、だからこそいまなおくりかえしあらたに提起されてくる、永遠の問いかけがある。団結・統一と対立・抗争の問題、戦列にまぎれこむスパイと裏切りの問題、規律と自由の問題、教条主義◆と修正主義◆の問題、エトセトラ、エトセトラ……。およそ革命的なくわだてのなかに必然的にひそむあらゆる悲劇の原形、たたかいのなかでぼくらを待ちうけているあ

◆コミュニストに帰せられる　逢坂剛「スペイン内戦を見る」、七三ページの注参照。

◆教条主義　いわゆる「原典」に示された権威ある教説を機械的に盲信し、かたくなに原理原則をふりまわすだけで、それを、現実の具体的状況に即応しうるよう創造的に発展させることができない、硬直した公式主義的発想や態度を言う。修正主義の対語。

◆修正主義　硬直した態度を排し現実に即応しようとするあまり、マルクス主義理論の根本原則にまで修正を加えようとする立場。具体的には、「プロレタリア独裁」や革命における暴力行使を否定し、議会主義への移行を主張するなど。教条主義の対語。

らゆる罠の原形が、ここにはある。

弱い力しかもたない者たちがとてつもなく強い権力とたたかうには、団結しなければならない、だが、そのさい、思想的政治的立場のちがいが、団結をぶちこわし、たたかいを敗北にみちびいてしまう、ということが、国際的規模において、はじめて示された。それが、スペイン内戦（市民戦争）においてであったのだ。国際的規模で。というのも、そこがまさに、この世界のいたるところで苦しみたたかっている労働者・農民の希望であったからだ。

問題は、だから、ただたんにコミュニストは悪でＰＯＵＭやアナキストは善であったということにあるのではない。そうではなく、さまざまな状況のなかで、ほんらいはともにたたかう同志であるはずの者たちがたがいに敵となる、といった事態は、むしろ、普遍的に、必然的に、おこってくることなのだ。そのおこりかたはそれぞれの具体的状況によってちがうけれど。だから、それはまさに永遠の問題なのだ。そのようなまさに根源的な問いかけを根源的に追究し深めていくのではなく、たんなる善玉悪玉の図式で処理してしまっては、問題の本質はけっきょく解明されないでしまうだろう。

状況の複雑さ。戦列にスパイがまぎれこんでくる可能性、あるいは裏切りが出てくる可能性は、つねにある。たがいに疑心暗鬼にならざるをえない条件も、戦いのなかでは、いたるところにある。どうすれば、際限のない人間不信におちいらないですむのか？　たとえ疑わしくても信頼する、という原則を貫いたために、戦う組織そのものが致命的打撃を受けた例も、げんにある。これも永遠の課題だ。「排除の論理」なんてかんたんに言ってもらいますまい。

強力な敵と戦うためには鉄の規律が必要だ。だが、鉄は錆びる。

革命の原則をあくまでつらぬくのか、現実的な成果をかちとるために柔軟な路線をとるべきなのか。村人たちと民兵たちがくりひろげたあの素朴に民主的な討議にあっても、だれの言い分がいちばん正しいのかなんて、そうかんたんに言ってしまえるものではなかろう。歴史上の「もし」に属することではあるが、かりに、あの内戦において「反スターリニスト」の「革命推進派」が勝利を収めたとしたら、あの村の集団化はどうなっていただろうか？　あの討議のなかにさえほの見えていた教条主義によって、集団化は無惨な失敗に終ったかもしれないではないか？　そのような場で採用される決定とは、だから、具体的な時と場所とによって規定された、まさに具体的な決断でしかあるまい。

そのような「過去」に、ぼくらの「現在」は「みつめられ」ているのだ。ぼくらを「みつめ」ているその「過去」を、ぼくらが、ほんとうに「みつめ」かえし、その奥底から見えてくるものに目をこらし、その内奥から語りかけてくるものに耳をかたむけないかぎり、その「過去」をほんとうにのりこえることなど、ぼくらには、できないだろう。

過去からのまなざしは、いったい、なにをぼくらに問いかけているのか？　あのあとのフランコの勝利のありようを、もし描いていたら、そのまなざしはいっそう広く深くなっていたのではなかったか？　スペイン内戦（市民戦争）の戦われた具体的状況が、その地主制の強大さやファシストの暴虐や国際情勢の複雑怪奇さなどなどがもっと鮮明に描かれていたら、先にぼくの指摘した「なぜ?」は、もっとはっきり示されえたのではなかったか？　歴史はつねに具体的状況のうちにある。せめて、あの素朴に民主的な討議を重ねたあの村のその後の悲惨な運命を、ほんの一ショットであれ、さいごに象徴的に描いて全体をしめくくっていれば、この作品のうちにひそむまさに根源的な問いかけは、いっそうくっきりと浮びあがっていたにちがいない。時間が、歴史が、いずれの側にも罠があったことを証言してきた。それが、この映画では描けていないのだ。

ケン・ローチ監督が、この映画において、スペイン内戦（市民戦争）という一つの時代の、とりわけそのなかでの反ファシズム陣営における諸矛盾の一つの断面を、そこに開示される一つの真実を、鋭いメスで切開してみせたその腕前には称賛を惜しまないが、そうであればこそ、彼は、この切りとられた断片のなかにさえ否定しようもなく存在する、永遠にあらたに問いなおされるであろう問いかけを、まさにそのような問いかけとして、もっと深めていくべきだったのではなかろうか?

苦闘を受けつぐことはできるのか?

孫娘のキムが祖父の遺品の「古い鞄」を開ける冒頭近くのシーンから祖父の棺のまえでウィリアム・モリスの詩を読む最後のシーンにいたるまで、現在（孫娘が祖父の手紙を読んでいる）と過去（その手紙で語られていることがらが再現されていく）とをたくみに交錯させながら進行させていくこの映画の全体を通じて、ローチ監督は、三〇年代の若者たちのたたかいが九〇年代の若者たちに受けつがれていくことへの希望を表明しているのだ、と言われる。たしかに、多くのひとびとがそれぞれの小さな城のなかに安穏に閉じこもっているこのいまの時代に、かつては目先のちっぽけな利害を越え生命を賭けて戦おうとしたひとびとのいた時代があったのだということを、ローチ監督は示したかったのだろう。「記憶すべき歴史としてスペイン内戦を取り上げ、理想追求の意志を持続させる必要性を訴え」◆たかったのだろう。けれども、この作品に描かれたかぎりでは、つまり祖父の「過去」にたいする孫娘のこの

◆**持続させる必要性を訴え**　柴宣弘「理想と連帯が結びついた時代」『朝日新聞』一九九七年二月一七日夕刊

ようなかかわりかたによっては、彼女は祖父の志を受けつぐことなどできないのではあるまいか?

もしかりに、キムが、このいま、彼女の生きているその場で、彼女自身の困難なたたかいに直面しているのなら、そこで彼女がみずからの生のすべてを賭けてたたかっているのなら、そのたたかいのなかで、彼女は、六十年まえの祖父のたたかいのうちにもあった、このいまの彼女自身にかかわるさまざまな問題を見いだしていくかもしれない。だが、この映画では、そのカンジンカナメのことが、つまりキムがこのいまをどのように生きているのかが、描かれていないのだ。

ローチ監督が伝えたがっているような「経験」は、はたして、彼が伝えたがっているようなかたちで、この大量消費社会に生きる若者たちに伝わりうるのだろうか?「むかしは革命とか戦争とかいう野蛮な時代であったのだと、若者は馬鹿にしている」と、第二次世界大戦以前の平和で豊かなウィーンに生きる若者たちについて、シュテファン・ツヴァイク◆が『昨日の世界』◆のなかで書いていたのを思いだす。

先行する世代の苦闘がもしほんとうに知られてきたのなら、そのたたかいがもしほんとうに受けつがれてきたのなら、人類は、このいまのこのていたらくにはならずにすんでいたかもしれないのだ。

遠い時代のであろうがなかろうが、およそ他人の経験なんてわかるわけがないし、わかる必要もない、およそ他人の経験なんてこのわたしにはなんのかかわりもないのだ、と、三年半まえに、ぼくは書いたことがある。ただし、そこにはつぎのような条件がつけられていた。

もしわたしが、わたしたちのこの〈平和〉で〈豊か〉な日常のなかであがいている自分自身の姿をそこに重ねあわせるのでなければ。このわたしとおなじようにこの残酷な社会のなかで孤独である魂の息づきを、そこに感じるのでなければ。百五十年まえに書かれた詩のなかに、二千年まえに語られたことばのなかに、このいまのこのわたしの苦悩を見いだすのでなければ。

（東京新聞、一九九三年一二月九日夕刊）

自分自身の姿をそこに重ねあわせうるかいなかは、要するに、その自分がこのいまをどのように生きているのかにかかっているのだ。もっとずっとまえ、いまから十四年まえに書いた文章をもあらためて引用したい誘惑にぼくはかられる。

〈戦争体験〉が風化したとか世代の断絶とか

◆シュテファン・ツヴァイク　一八八一—一九四二　ユダヤ系オーストリア人の作家。人間存在に対する深い洞察に裏づけられた作品を数多く遺した。ナチの迫害を逃れるために亡命。亡命先のブラジルで自殺した。

◆『昨日の世界』　一九四〇年ころ、苦しい亡命生活のなかで書かれた。力をつくして反対してきたその戦争が現実に起ってしまい、人類とその歴史に対して絶望していたその時期に、資料もメモも手紙もなにもかも失ってしまい、ただ自分の頭のなかに残っている「回想」だけをたよりとして書かれたものだ。人類の知性と文化が無惨に自滅していくことへの絶望的な憤りが、そこに感じられる。

言うまえに、わたしたちはいったい、〈体験〉とはなにかについて深く考えたことがあっただろうか？　（中略）およそ〈体験〉が風化するのは必然であり（中略）そもそもひとは、ある現場にいてあるできごとにあったからといって、それを体験したと言えるかどうかわからないのであり（中略）ひとはいわば体験したがっていたものを体験したがっていたように体験しただけのことであるかもしれず、……要するに〈戦争体験〉などじつはア・プリオリに存在するものでもなくぜがひでもつたえられねばならぬものでもない。

問題は、〈戦争体験〉をもってしまったがわについて言えば、彼ないし彼女がその後どう生きてきたか、このいまどのように生きているかにこそかかわる。（中略）〈戦争体験〉をもたないひとびとについてもおなじことが言えるだろう。（中略）このいまをわたしがどう生き、このいま自分をとりまく状況にたいしてわたしがどのように向きあっているか、ひとことで言えば、この〈世界〉にたいしてわたしがいまどのような姿勢をとって生きているか、けっきょくはそれが、時間的にも空間的にもへだたった、ことなる〈世界〉における、自分ではない人間の〈体験〉を、どこまでどのように、自分にとって意味のあるものとして自分のうちにとりこむことができるかを決定するのではないだろうか？（『ひとはどのようにして兵となるのか』）◆

（一九九七・三・一七）

◆『ひとはどのようにして兵となるのか』上下巻、柘植書房新社、一九八四

郵便はがき

恐れいりますが
切手を貼って
お出しください

101-0061

千代田区神田三崎町 2-2-12
エコービル１階

梨の木舎 行

★2016年9月20日より**CAFE**を併設、
新規に開店しました。どうぞお立ちよりください。

- -

お買い上げいただき誠にありがとうございます。裏面にこの本をお読みいただいたご感想などお聞かせいただければ、幸いです。

お買い上げいただいた書籍

梨の木舎

東京都千代田区神田三崎町 2－2－12　エコービル１階

TEL　03-6256-9517　FAX　03-6256-9518
E メール　info@nashinoki-sha.com

（2024.3.1）

通信欄

小社の本を直接お申込いただく場合、このハガキを購入申込書としてお使いください。代金は書籍到着後同封の郵便振替用紙にてお支払いください。送料は200円です。

小社の本の詳しい内容は、ホームページに紹介しております。是非ご覧下さい。　http://www.nashinoki-sha.com/

【購入申込書】（FAXでも申し込めます）　FAX　03-6256-9518

書　　名	定　価	部数

お名前

ご住所　（〒　　　　　　）

電話　（　　）

4章

「がらんどうだから」

責任をとるものはだれもいない

責任という語が多用されている。新聞でテレビで週刊誌の吊り広告でこの語が眼につき耳に入らない日はほとんどない。責任は、追及されている。わたしたちのこの国のこの日常のいたるところで、わたしたちのくらしにかかわりのあるほとんどすべての分野で。なのに、責任をとる者はだれもいない。責任を感じる者すらいないようだ。ということを、追及するジャーナリズムの側も知りつくしているらしい。だから、その追及のしかたは、どこか、おざなりだ。そのいいかげんさが、また、追及されている。ジャーナリズムの責任として。それを追及する者が、しかし、それを追及することの責任を、なによりもまず自分自身にたいして、どのように、どこまで、感じているのだろうか？

責任が追及されているのは、それが追及されなければならないような事態がおきているからだ。そのような事態がおきてしまっていること、これは事実だ。そのような事態は、しかも、自然現象としておきたのではなく、顔も名もある生きた人間（たち）のなした具体的な諸行為の結果としておきたのだ。にもかかわらず、その具体的な諸行為をげんになした特定の人間（たち）の責任が追及されることは、わたしたちのこの国では、ほとんどない。

特定すること自体が困難なのだ。その事態にたいしてほんとうに責任を負わなければならない人物は、たいていのばあい、もはやそこにはいない。もはやそこにいない人物の責任を追及しうるような精神的風土は、そして、わたしたちのこの国にはない。それに、そのような人物を特定しえてその責任を追及したところで、その責任は、たぶん、部分的なものでしかないだろう。

おそらくは、責任を追及されるべきだれもが、部分的にしかそれをにないえないのではあるまいか。もっと包括的な最終的な責任の所在を求めていけば、それは、上へ上へとどこまでも上っていくほかないだろう。上っていって、どこにいきつくか？どこにもいきつかない。上っていったその頂点で、消えてしまう。

責任を追及したってはじまらないのか？　そうではあるまい。公の責任を公に追及することは、むろん、無意味ではない。このような責任の追及をもしていなかったなら、水俣湾《みなまた》の水質汚染にたいする新日本窒素の責任も「薬害エイズ」にたいする厚生省と企業御用学者たちの責任も、明らかにすることはできなかっただろう。

けれども、そこで公的に責任を追及された者たちが、はたして、どこまでその責任を個人として感じているのだろうか？　ちかごろテレビや新聞で連日のように非難されている証券会社や銀行や各種公団やのトップにしても、監督官庁であるはずの大蔵省の幹部たちにしても、問題にされたのは運が悪かっただけだ、自分はただ慣習にしたがっていたまでだ、と思っていはしないだろうか？　このような慣習にしたがっていなかったなら、これらのひとびとは、そもそも、その地位につくことさえ、わたしたちのこの国では、できなかったのではあるまいか？

わたしたちの内部が「がらんどう」であるから

責任をになりうる主体も追及しうる主体も、ともに、わたしたちのこの国にはほとんど存在していないのではないか？　わたしたちは、いまだに、そのような主体でありえていないのではないか？　なぜなら、わたしたちの内部が「がらんどう」であるからだ。白井愛が「独創（カミーユ・クローデルによせて）」◆という独異な詩によって噴出させたのは、そのことへの怒りだった。

いや　なんといっても
がらんどう　以上に　安心できる倉庫は　ありません
がらんどう　以上に　貴重な財産もありません
だって　そこには　普遍　がスッポリ入ります

だから
この世の　ありとあらゆる　権威ある番犬に
見張りをおねがいしています
仕事も　多忙も　ステータスも　友情に人間愛まで
プロの番犬といっしょになって
がらんどう　を護衛しています

たいせつな　がらんどう　に
わたし　が生まれぬよう
わたし　が育たぬよう
独創　などという狂気の胞子が　飛びこまぬよう

この「がらんどう」をうちにかかえたままでわたしたちが他人の責任を公に追及してみても、ほんとうにそれを追及することはできないだろう。言いかえるなら、わたしたちが、それぞれの身のまわりの、些細な、私的な、ひとつひとつのできごとについての、自分

◆「**独創**」白井愛『悪魔のセレナーデ』罌粟書房、一九八八、所収

自身の責任や他人の責任をはっきりさせないままでは、歴史的責任だの民族的責任だの、あるいは、有権者としての、政治家としての、公務員としての、などなどのといった公のレベルでの自他の行為の責任などを、はっきりとさせることさえできないのではないか？

わたしたちのひとりひとりが、身のまわりの、日常の、些細な、私的なできごとのひとつひとつをゆるがせにしないで、そこでの他人の行為の責任を、きっちりと、具体的に追究していく、そうすることによって、それをそのように追究する自分自身の責任をもあきらかにしていく、そういういとなみこそが、いま、わたしたちに要求されているのではないか？◆

（一九九八・五・五）

◆**要求されているのではないか**　じつは、このあとにつづいて、この要求にこたえる具体的実践の一つとして、特定の個人の実名をあげての責任追及とその相手からの反駁との一部始終を紹介しているのだが、膨大でありすぎるので、ここでは割愛した。

5章

ひっくりかえすのだ！

セレモニーは麻薬だ

結婚式や葬式にはできるだけ出ないようにしている。できるだけであって、ぜったいにではない。ぜったいに出ないことにしてもいいのだが、それではさしさわりがありすぎる。じっさい、できるだけ出ないようにするだけでも気骨が折れるものだ。

わたし自身は、わたしの絶対の愛の対象と、法的な手続きをとらず同居もしないで三九年間ともに生きてきたのだが、他人が結婚することについてはとくに祝う気もけなす気もない。ただ、結婚式なり披露宴なりといったセレモニーを、派手にであろうが地味にであろうがなぜとうぜんのことのようにするのだろう、とは思っている。

葬式もお別れの会のたぐいもしてくれるなと、わたしのばあいは、すでに遺言状に記してある。先祖代々のであろうが個人のであろうが墓に入る気はない。もっとも、そんなこと死者にはかかわりがない。すべては、生者たちが、故人の遺志を汲んでか無視してか、したいようにすることなのだ。

どんな思いでどんな形でやったところで、セレモニーはしょせんセレモニーでしかあるまい。十二年前に、わたしはつぎのように書いている。

このわたしにとって、わたしのもっとも愛するひとの死とは、そのことについて語りあう相手がもういない、ということだ。とうとうこんなヘンテコリンなことになっちゃったねえと、たぶん笑いながら言いかわす、その相手がいない、ということだ。(中略)わたしのもっとも愛するひとの死にたいしては、ぜったいにこのわたしのものでしかない悼みかたが、たぶん、あるのだろう。(中略)その死者の悼みかたについて、いったい、だれが、なんの権利あって、干渉するのか。

(『餓島 1984 ― 1942』◆「あとがき」)

それにしてもひとはなぜセレモニーなしではやっていけないのか? 入学式や卒業式に「日の丸」の掲揚と「君が代」の斉唱を強制するなどバカげたことだ。とはいえ、入学式や卒業式になぜ出るのか? わたしがまだわたし自身でなかった中学一年生までの時代を除いて、わたしは入学式にも卒業式にも出たことはない。成人式などという無意味なセレモニーには、むろん、出たことがない。

神と直接向いあうことを求め偶像崇拝を排した宗教にあってすら、そびえたつゴシックの尖塔やロココ美の粋をこらした会堂や華麗にして荘厳な音楽を排することはできなかった。セレモニーの荘厳な雰囲気が不可欠なことを知りぬいているからこそ、聖職者たちは、壮麗にして森厳な会堂に信者をいざない轟きわたる妙音にひたして魂を震撼させる

◆『餓島 1984 ― 1942』彦坂諦著、柘植書房新社、一九八七

のであろう。そこにおいて自分自身でありつづけることはまことにむつかしい。セレモニーはまさに麻薬なのだ。

わかいころ、よく言われたものだ、おまえだって四〇すぎれば演歌を唄うようになるさ。ゼウスの神託でも告げるかのように、その言葉は発せられるのであった。けれども、六〇代のなかばをすぎたいまでも、わたしは、二〇代のときとおなじように、モーツァルトやベートーヴェンを聴き、シャンソンやロシア民謡を歌っている。わかいころと変ったところがあるとすれば、これにフォーレやドゥビュッシーが加わったことくらいだ。

日本人なら××でないわけがなかろうが、おまえも男なら〇〇するだろうが、といったたぐいのきめつけにも、いやというほど遭ってきた。

一九六八年の早春だったと思う、オホーツク海北部の洋上でソ連の漁船からニシンを積みとる仲積船団にわたしは通訳として雇われた。といっても仕事の大半が表向きはチェッカーじっさいにはドロボーの見張りであることが、行ってみてわかった。

失業保険をもらいながらこっそり雇われてきた「やん衆」は、それそうおうの低賃金しかもらえない。だから彼らは盛大にドロボーをした。チャッカーと呼ぶ小舟を出して、よその船に接舷しているソ連船の積荷を盗みにいく。それも、数の子のとれるメスだけを盗んでくる。その手口のたくみさに、「ソ連側」の監視官はほとんどお手あげだった。とはいえ、彼らだって手をこまねいてはいられない。秘術をつくして「日本側」ドロボー団の隙を衝く。その奇襲の気配を察知して予告をしろと「やん衆」は通訳に要求するのだ。

チェッカー業務だけでもけっこういそがしい。ここでも、「日本側」に有利なように積み数量をごまかすことが強要されていた。ソ連の漁船から日本の仲積船へと舷側を超えて積みこまれるニシンの数量をロシア人のチェッカーと立ちあいで数えていくのだが、落語の「ときそば」まがいの手口をつかってその数をごまかす。しぶしぶではあったが、こっちのほうならわたしにもやれた。ゲーム感覚のおもしろさもあったから。しかし、あからさまなドロボーの見張りは得手じゃなかった。そんなわたしに腹を立てて、「やん衆」がどなったものだ。

「おめえ、それでも日本人か!」

そのような「日本人」であることにつくづくわたしは嫌気がさした。

「おまえも男なら……」のほうは、もっと根強くわたしを拘束することが多かった。ひとかわむけば、おまえだっておなじ男じゃないか! ぶるんじゃねえよ! 裸になれ! わたしはいまでもふしぎに思う、どうしてひとはそこまで絶対の信憑を持つことができるのか?

すべての物体は、その物体に作用する外力がそれを妨げないかぎり、静止または等速直線運動の状態を保つ。

（ニュートンの第一法則）

人間はたんなる物体ではないし、人間の行動の動機や原因も単一ではない。けれども、ひじょうに多くのひとびとが「惰性」（慣性）としか呼びようのない力に動かされているようだ。価値の「転倒」を「転換」とすんなり言いかえながら自分がそう言いかえたことに気づきもしないというのも、惰性のなせるわざかもしれない。

この言いかえにわたしが気づいたのは、「読むことと生きることと」という外題をつけた、討論中心の授業をやっているなかでだった。授業の題名としては異例なこの外題は、ほんらい「専任」でなきゃやれない授業を特例として非常勤のわたしが持たせていただくことになったときに、たっての希望で通してもらったものである。ちょっとキザだが、まあ、題名のつけかたからして「常識」を破りたかったのだ。常識的には「読書と人生」と名詞形で表現するところなのだが、「読む」「生きる」という動詞がそのまま生きる表現をあえてとり、さいごに「と」をつけることによって、さらなるひろがりを暗示する。

この授業でわたしがやろうとしているのは、だから、あまりにも自然で自明のことだとだれもがごく自然に信じている、そういった考えかたや感じかたを、ほんのひとときでもいいから疑ってみよう、という呼びかけなのだ。

　それなのに、この意図に共鳴してわたしの教室に出てきているはずの学生たちが、「価値の転倒・転覆」を呼びかけるわたしの話をひきとって、「いま言われた価値の転換については」などと、いともむじゃきに言ってくれるのだ。そういえば、彼らの多くが多用する「価値感」という表記（常識的には「誤字」であるが）にはみようにリアリティがある。

　いまげんにある絶対の価値の基準をひっくりかえそう、とわたしは呼びかけているのであって、その方向を変えようと言っているのではない。にもかかわらず、聞いてるほうは、これまでのやりかたはもう「古い」からなにか「新しい」やりかたに変えなきゃいけない、ぐらいにしか受けとっていないのだ。転倒・転覆が転換・変換と読みかえられるってこと自体、まことに現代的と言うべきか。

　価値の転換は、いまや、時代の流れだ。この流行に乗りおくれる者は、この不景気とリストラの時代、棄てられ消え去るしかないだろう。いまこそ、大胆に「発想」を「転換」するんだ！　そこにしか「生きのびる」道はないんだ！

　このようにして「転換」されたはずの新しい発想の、しかし、なんと変りばえしないことか！　それかあらぬか、いっぽうで「価値の転換」「発想の転換」が熱っぽく説かれているのに、もういっぽうでは、あいもかわらぬ惰性がひとびとを支配している。そのような状況に適合するのがシニスム◆だ。どうせこの世はこうなのさ。しかし、わたしはそこまで卑しくはなりたくない。わたしは、根底的なペシミスト◆ではあるが、シニスムにはくみしない。

傷つくのはこのわたし

「チョコレート革命」！　「T・M・Revolution」！　「ダンス・レボリューション」！　「革命」は流行語になってしまった。流行語になったその言葉には、この世の秩序を根底からひっくりかえす衝迫力も、そこに生命を賭ける緊迫感も、もはやない。

「革命」とは、言葉ほんらいの意味において、わたしたちを抑圧し窒息させる力に抗して、その力を支えている価値基準そのものを根底からひっくりかえす、ということではなかったか？　まさにそのようにして、一九一七年のロシアにおける「十月革命◆」はなしとげられたはずではなかったのか？　だからこそ、その革命は、その時代の耐えがたさを生きていたひとびとに強い衝撃をあたええたのではなかったか？

この革命がつくりあげたはずの理想の世界が、しかし、その後どのようなていたらくになって滅びさったか。そのことは、いまではだれもが知っている。けれども、なぜそうなってしまったのかという問いにまともに答えようとする努力が、はたして、どこでどのようになされているのだろうか?

聴くべき言説などひとつもない、と言うのではない。けれども、スターリニズム◆にしろソヴェート的官僚主義◆にしろ、それを生み育てたのは「ソ連邦」の「人民」ではなかったか? 彼らは、なぜ、どのようにして、そんなものをつくりあげてしまったのか?

「十月革命」◆からまだ三、四年しかたっていないころ、マヤコーフスキイは、「塵埃について」という詩のなかで、マルクス◆の口をかりて、叫んでいる、「カナリヤの首をひねろ／コミュニズムが／みな殺しにされないように！」と。

革命のうちなる嵐はしずまった。
ソヴェート混合物はヘドロに覆われた。
そして這いだしてきた
ロシア連邦ソヴェート社会主義共和国の背後から

◆シニスム　世間の良識を冷笑する態度。皮肉趣味。もともとはギリシア哲学の一派キニク派の思想のことだが、いまの世の用法は、さしあたり、これとはあまり関係はない。

◆ペシミスト　厭世家、悲観論者。この世界の現状および未来について、そこに生きる人間たちのふるまいについて、いささかの楽観的認識も持っていないという意味で、わたしはペシミストだ。だが、徹底的なペシミズムはその根底においてオプティミズムに通じるものだ。

◆十月革命　一九一七年一一月七日（ロシアの旧暦では一〇月二五日）、労働者と農民の同盟勢力がロシアの政治権力を握った革命。世界史上はじめて、労働者と農民による労働者と農民のための社会主義政権が誕生したという事実は、世界中の支配権力に強い衝撃を与え、抑圧にあえぐ民衆には輝かしい未来を夢みさせた。この社会主義国家がその後七十年あまりであえなく瓦解してしまおうとは、その当時だれが予想しえただろうか。

◆スターリニズム　ロシア革命の指導者レーニンの後継者を僭称してソ連共産党と国家に君臨したスターリンが、彼を絶対化（神格化）する追随者たちを組織してつくりあげた、その政治支配体制の全体およびその独裁的権力支配の方法的原理。

小市民の
面《つら》。
(……)
とりいそぎ羽根飾りをつけかえ、
あらゆる機関に腰を据えた。
(……)
いまでも暮してる、
神妙に。
快適な書斎と寝室をこしらえて。
(……)
壁にはマルクス。
額縁はまっか。
(……)
天井から
金切り声あげる
鉄面皮なカナリア。
(……)

マルクスが壁から見ていた、見ていた……
そしてとつぜん
大口を開き
叫びだす：
《革命が凡俗の糸に縛られた。
(……)
一刻もはやく
カナリヤの首をひねろ――
コミュニズムが
みな殺しにされないように！》

(『マヤコーフスキイ全集』)◆

「凡俗の糸に縛られ」なかった革命などひとつもない。どの時代のどのような革命にあっても、いつのまにか、「小市民」が「とりいそぎ羽根飾りをつけかえ」て「あらゆる機関に腰を据え」ていた。自分たちの「凡俗の糸」で革命を絞め殺していた。

◆**ソヴェート的官僚主義**　官僚主義という語によって一般にイメージされるのは画一的形式的思考・行動、先例踏襲、法規万能、秘密主義、縄張り意識、役得の一般化、繁文縟礼、夜郎自大などなどだろう。要するに自立性・自主性・創意性の欠如。こうした意識や行動様式は、官僚制の存在支配するところならどこにでも発生しうる。しかし、とりわけ問題なのは、そのようなものを廃絶するためにたたかっているはずの革命党のなかにこれが発生して甚大な害をおよぼすことだ。革命党における上部の官僚主義は下部の盲従主義と密接にかかわっている。「ソヴェート的官僚主義」はその典型ではあるが、これだけが問題なのではない。

◆**マヤコーフスキイ**　一八九三―一九三〇　ソ連の詩人。みずからの生を、あまりにも深く、革命によって拓かれていくはずの新しい社会にコミットさせすぎたため、革命によっても変るところのなかった世俗の攻撃にさらされつづけた。一九三〇年に自殺したが、その晩年には、痛烈な諷刺詩によって、小市民性をも官僚主義をも徹底的に攻撃している。

◆**マルクス**　五三ページの注参照。

ているのだとは夢にも思わずに。だからこそ「文化大革命◆」が必要なのだ、と毛沢東◆は考え、実行した。その無残な結末についてもまた、しかし、だれもが知るところではないか。

わたしたちのこの二〇世紀という時代は、人類史上はじめてなしとげられた根底的な「価値の転倒」であったはずのものがたんなる「発想の転換」にすぎなかったことを結果的に証明してしまった、そういう時間だったのだろうか？　そのような時代をこのわたしがつくりあげてしまったのだ、とでもいうのだろうか？　四年まえ、わたしは、一九三三年から出発する自分自身の生涯を要約してつぎのように書いている。

わたしの子供時代はくすねられてしまったのだという思いを、わたしはいだいた。わたしは歴史によってつくられてしまったのだ。だからこそ、わたしは、歴史をつくるたたかいに加わったのだ。ところが、そこでもまた、くすねられた。こんどこそ、しかし、それはこのわたし自身の責任なのだ。

歴史をつくるたたかいにわたしが加わろうと決意したころ、このわたしたちの世紀は、その半分をおえようとしていて、まえの半分の時代に人類の夢の実現と思われていたもののほころびが見えはじめていた。それからあとの半分で、わたしは、人間たちが、このうえもなく美しく高潔なものを、このうえもない醜さと卑しさで、汚し、ずたずたに引き裂いていく、そのさまを、つぶさに見つづけてきた。

わたしは、わたしのものでなかった時代によってつくられ、わたしの時代をつくろうとして敗れ、いま、わたしのものではないこの時代を生きさせられている。

（『ひとはどのようにして生きのびるのか』◆）


「このわたしがつくりあげてしまったのだ、とでもいうのだろうか？」とわたしが単数形で書いたところを「わたしたちは」と複数形で書くことに、知識人の文章では、ふつう、なっている。このわたしを除外して他を批判しているのではないってことを示すためだ。そうしないと、責任のがれをするつもりかと責められる。けれども、わたしは単数で書く。なぜなら、「そのような時代」をこのわたしがつくったわけではない、だけでなく、「そのような時代」をつくってきた力に「逆らって　逆らって」、わたしは生きてきたからだ。

白井愛の詩集『悪魔のララバイ』◆のなかに「生

◆『マヤコーフスキイ全集』　モスクワ、一九五六。この詩が収められているのは第二巻。邦訳には小笠原豊樹・関根弘訳『マヤコフスキー選集』全三巻、飯塚書店、がある。
◆文化大革命　革命が成功し革命勢力が現実の政権担当者となったのちにまるで必然のように現われてくる権力の腐敗堕落、その原因は革命党員における思想改造の不徹底にある、と考えた毛沢東が主導して中国で発動された大々的思想改造運動。一九六六年からほぼ十年以上にわたって中国全土を震撼させた。理想にもえた若者を中核とする真の革新運動になるはずだったが、現実には、大衆運動を利用しての権力闘争に堕してしまった。
◆毛沢東　一八九三―一九七六　中国共産党結成当時から、抗日戦（日本の侵略から国を守る戦い）、戦後の国民党との内戦、中華人民共和国の成立と発展の時期にいたるまで、文字どおり、共産党と国家のもっとも秀でた指導者だったが、文化大革命を主導したことによって晩節を汚した。
◆『ひとはどのようにして生きのびるのか』　上下巻、彦坂諦著、柘植書房新社、一九九五。ここに引用したのは下巻の「あとがき」の一部。
◆『悪魔のララバイ』　白井愛の詩集、径書房、一九九一、絶版きる」という詩がある。その一部を、もういちど、引用しよう。

引きずりこまれた、否も応もなく。
強姦された、
手足をじたばたさせたけれど。
いやだいやだとわめいたけれど。

わめいたのは　でも　たった一人　だった?
みんなは　こう　嗤うだけ、
おまえは楽しまなかったとでも言うのかい!
楽しんでないと言えるのか!

そうなのだ、このわたしが強姦されたのだ!　この詩を読んだときわたしはそう思った。以前にも書いたことなのだが、くりかえし書いておく。このハイテク社会を、この繁栄を、わたしはけっして望んだのではない。このようなゆたかさを、このようなしあわせを、わたしが欲したのではけっしてなかった。いやだ!　とわたしは叫びつづけてきた。けれども、「みんなはこう　嗤うだけ」だったのだ、「おまえは楽しまなかったとでも言うのかい！／楽しんでないと言えるのか！」

わたしたちのこの社会では、強姦されることに甘んじているかぎり、強姦者となれあっているかぎり、このわたしは傷つかない。だが、なれあうことを、もし、拒否して、このわたしのうえに「のしかかっているこの男を」このわたしの「胸底深く秘してきた白刃」を抜きはなって刺したなら、傷つくのはこのわたしだ。ほとばしりでるのはこの「わたしの血」だ。息絶えるかもしれないのは「わたしの心臓」なのだ。

ということが本能的にわかっているからこそ、だれもが、ごく自然に、みんなとおなじようなことを、みんなとおなじように、みんなといっしょにやっている。そうしてさえいれば、文字どおり無難なのだ。みんなでみんなをなんとなく縛りあい動かしあいながら、全体としていまの状態を維持していこうとする、このような力を、わたしは惰性と呼ぶ。この力は、わたしたちのこの日常のどんなかたすみでででも、確実にわたしたちに作用しているのだ。

「革命」によってつくられた「ソヴェート連邦」を「国家」の廃絶とは反対の方向へ向かわせ、腐敗させ、ついには崩壊させてしまったのも、つまるところは、このような力ではなかったか？

このような力に逆らって生きることはむつかしい。というより、ほとんど不可能だ。この力がそのときどきの「時流」に結びつき、その「時流」のなかでひとびとは生きる。「時流」に便乗したり、迎合したり、順応したり、距離をとったり、あるいは「時流」をやりすごしながら。いずれにしてもしかし、これに逆らうことは至難のわざだ。逆らっているつもりが、いつのまにか「時流」に呑みこまれていたりする。逆らうには、たったひとりで万人に立ちむかう蛮勇が必要だ。

それでもなお、わたしは生きる。生きるつもりだ。「逆らって　逆らって」。このわたしを徐々にしかし確実に殺そうとしているあらゆる力に。たとえ、万人のなかのひとりであろうとも。万人に逆らってであろうとも。

きれいはきたない、きたないはきれい

一九九三年一〇月八日、「安田生命ヒューマンサービスセンター」で、白井愛は「いまこそ愚かさの復権を！」という題の講演をおこなった。その内容はここでのこのテーマと深くかかわっているので、その未発表の原稿の全文をわたしはぜひとも再録したかったのだが、六年前の原稿をそのままのかたちで発表する気にはなれないと拒否されてしまった。やむなく、以下にその一部をわたしの筆で紹介するにとどめる。とはいうものの、「ですます体」を「だ調」に改めたり、省略ないし要約したり、順

序を多少入れかえたりしているだけで、ほとんど原文のままであることをおことわりしておく。

井伏鱒二◆に「遥拝隊長」という作品がある。主人公はある村のキチガイで「遥拝隊長」という綽名で呼ばれている元陸軍中尉の岡崎悠一。作品の時は、半世紀前の大戦争に日本が敗れてまもないころ。舞台は、この国の農村である。

戦後なのに、悠一の意識は戦時中の陸軍中尉のままだ。彼は、道を歩きながら、通りすがりの村人にとつじょ「歩調とれえ！」と号令をかけたり、「突撃に進めえ！」とか「伏せえ！」とか命令したりする。たまたま村人からマンジュウを一つもらったときなど、それを押しいただいて大声で泣いたあと、直立不動の姿勢をとって、その場にいあわせた村人たちに一場の「訓辞」をおこなった。

「みなに、云ってきかす。本日、畏くも——恩賜の饅頭◆を賜った。特に、わが部隊に対して、くだし賜ったのである。光栄、これに過ぎたるはなし。感泣のほか、更に何ものもなし、と申し奉る。みなみな、よく心して、謹んで頂け。これより小官が、みなに配る。ただし、それに先だって、東方に向

◆**井伏鱒二**　一八九八—一九九三　庶民的なユーモアのなかに深い哀愁と鋭い風刺をこめた作風で文壇に独自の地歩を築いていた作家。代表作『多甚古村』『本日休診』『漂民宇三郎』『黒い雨』など。

◆**恩賜の饅頭**　日本が戦争に敗ける以前、「天皇陛下」から「臣民」にあたえられる物品には「恩賜の」という形容詞がつけられたものだ。だからといって安煙草が高級品に変るわけじゃなかったが、「恩賜の煙草をいただいて、明日は死ぬぞと決めた夜は」といった軍国歌謡もあった。

って遥拝の礼を捧げ奉る」

戦時中ならごくあたりまえの演説だった。ただ、時代はすでに一八〇度「転換」してしまっている。悠一はこの「転換」についてゆけなかったのだ。

この元陸軍中尉が時代とともに「転換」できなかったのは、なぜか？　この作品のなかでは、彼が、戦時中、戦場の橋の上に停車中のトラックの荷台で部下を殴ったとき、その部下が、急発進したトラックから川に転落して死んでしまったからだ、その部下の怨霊がついているからだ、といった因縁話で、なんとなくわかるしくみになっている。とはいえ、もっと大きな視点からすれば、これは、軽率にも時代に決定的に身をかかわらせてしまった者の悲劇だ。

この作品には三つの「時流」を代表する言葉が登場する。その一つが「遥拝隊長」悠一の「時流」、いわば戦時下の「時流」だ。これについてはすでにのべた。

もう一つは、この作品のなかの現在の「時流」だ。これは、この「キチガイ」を殴りたおした他村の青年が体現している。悠一がこの青年に「伏せえ！」と命令したとき青年は服従しなかった、ばかりか、「軍国主義の亡霊」「ファッショの遺物」め！と悠一を罵って、殴りたおそうとした。

三つ目は、「シベリア帰り」の「時流」だ。ソ連のシベリア極東地域に抑留されていた元兵隊のソ連ふうの言葉によって表現されているのがこの「時流」である。たとえば、宗教など封建時代の残り滓である、といった。

これら三つの「時流」の言葉に対置されているのは、村の知恵を代表する年寄りの言葉だ。たとえば、おれは宗教を否定するのだから墓には参らぬと言い張る「シベリア帰り」に対しては、

「まあ、そう云うな、郷に入れば郷に従うじゃ」

あるいは、

「彼地の郷に入り郷に従ったから、自分の郷に帰って郷に従えんわけがなかろう。人間の生涯には、素通りせんければならんものが、なんぼでもあるよ」

と、この知恵は言う。

このような知恵をもって、村人たちは、キチガイをもなんとか包みこみ、村にことがおこらないようにつとめているのだ。そこに見られるのは、時代に翻弄されつづけてきた民衆の知恵だ。「時流」にみずから身を投ずることなく、できるだけ距離をおいて、ときには「時流」の暴走をくいとめる努力をさえしながら、とはいえ「時流」からつまり「みんな」からひとり離れることはなく「みんな」といっしょに生きていく、という知恵である。「時流」の理不尽な要求をすどおりして生きていこうとする知恵と言ってもいい。

◆**遙拝の礼**　「帝都」（大日本帝国の首都）を遠く離れた「戦地」（侵略戦争をやるために出かけていった先）から、兵隊たちが、隊長の号令一下、「天皇陛下のおわします宮城」（いまなら「皇居」）の方角を向いて拝礼すること。

井伏はこのような民衆をあたたかく描いている。「時流」に投ずるひとびとを、こういう民衆の知恵の立場から批判させてもいる。

「郷に入れば郷に従うじゃ」

「人生には素通りせんければならんものがなんぼでもある」

という言葉によって的確に表現されているのは、ほかでもない、わたしたちのこの国における典型的な処世術だ。「価値」などというものにはかかわりあいにならないでおこう、という処世術。それがわたしたちのこの国の世間の知恵なのだ。（しかし、このような知恵がつまるところわたしたちのこの国をこのいまのこのていたらくに、どのようにしてもこのわたしには容認することのできないこの状況に、ごく自然に導いて来もしたことを、わたしはいま骨身に徹して知っている――彦坂附記）

このような知恵の対極にあるのがドン・キホーテだ。ドン・キホーテは「自我」の極限、愚の極限を体現している。ドン・キホーテとはなにものか？　風車とたたかうコッケイな人物だ。風車とは、現代に置きかえてみれば、巨大な企業や国家だ。そのまえにだれもがひれふしている巨大な存在だ。しかし、ドン・キホーテは、たったひとり、敢然と、風車に立ちむかったのだ。

このドン・キホーテを「キリスト教文学に描かれたまことに美しい人物たちのなかで、もっとも完成されたもの」だと讃美したのはドストエーフスキイだった。と同時にしかし、彼はこうも言っている、「彼が美しいのは、それと同時にまたコッケイであるからにほかなりません」。

キリストは「見よ、このひとを」◆と嘲笑されたが、ドン・キホーテも「見よ、この狂人を」と書かれた羊皮紙を背中に貼りつけられて町中を歩かされる。◆キリストが嘲笑されたのとおなじように、ドン・キホーテも世間の嘲笑の的だったのだ。

ドン・キホーテは、しかし、世間の嘲笑の的であったからこそ、そしてまた、それに立ちむかったからこそ、美しい。彼は、自分自身の信仰のうち以外にはこの世のどこにも存在しない非現実的価値のために、コッケイにも、ここちよい現実の平穏を棄てて受難の道に飛びこんでいくのだ。

この狂人の対極に、狂人を嘲笑し愚弄する、分別と常識と中庸と独善の権化たちがいる。「みんな」をバックにもっているので、自分は絶対的真理を所有しているのだと信じて疑わない「正気の」ひとたちだ。しるし（証拠）を要求する近代的理性の紳士たちである。「あらゆる精神の沸騰

◆**ドン・キホーテ**　スペインの作家セルバンテス（一五四七―一六一六）が苦難の生涯のはてにはじめて書きあげた大長編小説の主人公。この名は普通名詞化するほどに広く知られてはいるが、その知られかたは、おそらく、その原像とは似ても似つかぬ、たんにコッケイな蛮勇としてだろう。

◆**ドストエーフスキイ**　ロシア一九世紀の作家。一八二一―一八八一　わたしがいまだにおよびがたいと感じている数少ない作家の一人だ。

◆**「見よ、このひとを」**　Ecce homo「ヨハネの福音書」一九の五参照。

◆**ドン・キホーテも……歩かされる**　『見よ、この人を』と、人々はわれらの主キリストを嘲弄して言った。わが主ドン・キホーテよ、人々は汝について『見よ、この狂人を』と言うであろう」（ウナムーノ『ドン・キホーテとサンチョの生涯』アンセルモ・マタイス／佐々木孝訳、一三三ページ）。「哀れなドン・キホーテよ、汝は背中に汝の『エッチェ・ホモ』（見よ、この人を）をつけて市中を歩かされたのだ！　」（ウナムーノ前掲書二九五ページ）。『ドン・キホーテ』続編第六二参照。

を、そしてあらゆる内的な生命の切望」を軽蔑するひとたち（ウナムーノ）である。パリサイびと、と言いかえてもいい。

騎士道物語の「遍歴の騎士」になったつもりのドン・キホーテには、騎士道の愛を捧げるべき姫「ドゥルシネーア」がいる。だから彼は、「遍歴の騎士」にふさわしく、「遍歴」の途上で出会った男たちにだれかれなく呼びかけるのだ、「たぐいなきドゥルシネーア・デル・トボーソにまさる美しき乙女はこの世のいずこにもなきことを表明せよ」と。

すると、正気のひとびと、つまり合理主義者であり現実主義者であるひとびとは、その美しい姫をまず見せろ、見せられるはずがあるまい、そんな姫などどこにもいないのだから、と言ってドン・キホーテを嘲笑する。ドン・キホーテは反撃する、「要は、姫を見ずして、それを信じ、表明し、確認し、誓い、かつ擁護すること」なのだ、と。一方は、証拠（しるし）なしには信じられないと言い、他方は、証拠などなしに信じよ、信仰によってのみ、みずからの内的真実によってのみ行動せよ、と要求しているのだ。

合理主義者たち現実主義者たちは、キリストにたいして「しるし」を求めた頑迷なユダヤ人たちさながらの頑迷さをもって、それではせめて肖像画なりと見せるがよい、見せられないのは、その姫の片方の目がやぶにらみでもう片方の目からは硫黄や朱砂が流れでているからにちがいあるまい、と言う。

ドン・キホーテは怒りにもえて襲いかからざるをえない。

すると、とうぜん、報いを受けるのはドン・キホーテのほうだ。痩せ馬は転倒し、投げだされた騎士は、みずからの甲冑の重みで起きあがることもできず、相手方の下男にとことん叩きのめされる。

ドゥルシネーア・デル・トボーソ姫のたぐいなき美しさなど、どこにも存在しはしない。それは、ドン・キホーテの頭のなかにしか存在しない空想にすぎないのだ。にもかかわらず、それを否認するくらいなら死を選ぶ。理性にとっては、これは、コッケイのきわみだ。しかし、純粋な信仰のうちに自分の情熱の火によって創造した聖なる観念――ドゥルシネーア――を守るために死を選ぶ、これこそ「十字架の狂気」でなくてなんだろう。「十字架の狂気」◆――それはコッケイ以外のなにものでもないのだ。

そもそも、みずから十字架にのぼるなど、理性の目からすれば、狂気か愚かさでなくてなんだろう。一六世紀のキリスト教は、しかし、この「十

◆**パリサイびと**　キリストの時代に活躍していたユダヤ教の一派で、律法を厳しく遵守せよと主張し、形式主義的で排他的であった。キリストにたいする深い憎しみをもってキリスト迫害の牽引力となった。キリストは彼らとはげしくたたかわなければならなかった。
◆**キリストにたいして「しるし」を求めた**　「マタイ伝」二七の三九から四四まで。「(おまえが神の子だというのなら) 今すぐ十字架から降りるがいい。そうすれば、信じてやろう」。
◆**「十字架の狂気」**　「キリストは罪を購うために、十字架のおろかさと無知で粗野な使徒以外の手段を使うことはお望みになりませんでした」(エラスムス『痴愚神礼讃』二宮敬・渡辺一夫訳、中央公論社「世界の名著」一八一ページ。「コリントの信徒への手紙一」の二二から二八まで参照。

字架の狂気」に高い価値をあたえた。「キリストは愚かさ（狂気）を崇拝し、それを神聖視したばかりか、万人の目に自分が狂人に見えることを欲したのだ」とか「キリストは、世界を癒すために、十字架の狂気以外の方法を用いなかったのだ」とかいった考えを、一六世紀のキリスト教はたいせつにしていたのだ。

と同時に、この時代は、笑いの時代、笑いが爆発した時代でもあった。道化が大活躍した時代だ。火刑の炎がまだ天をこがしていた時代でもあったのだが。いや、火刑とすれすれのところに笑いがあったのだ。火刑があったからこそ、そのかたわらに、あれだけの笑いがあったのかもしれない。

笑いは、この時代のキリスト教と不可分だったのだ。愚かさが価値をもち賢さが価値をもたなかったまさにキリスト教の根源に戻ろうとしたこの時代の、もっとも重要な表現の手段が、笑いだったのだ。

狂気は英知であり、英知は狂気である。
愚は賢であり、賢は愚である。
きれいはきたない、きたないはきれい。

これが、この時代を代表する笑いの哲学なのだ。

「いまこそ愚かさの復権を!」から四年後の九七年、跡見女子大での講演「きれいはきたない、きたないはきれい――わたしの愚神礼賛」のなかで、白井愛は、「やれクルマの販売台数だの、やれ犯人の検挙件数だの、やれ論文の本数だの、やれ本の売り上げ部数だの、たいていは数値で」表示される「能力」評定によって「無能の烙印を押される側の人間」にたいして、そんな「評価」によって「殺されてはならない」と呼びかけている。

こうした「数値」によって、あらゆる人間の能力が決定されていきます。そして、その人間の能力イコールその人間の価値、ということになるわけです。

規格通りの凡庸な人間たちが、規格通りの凡庸な能力だけを信奉して、規格から外れた能力、異質の能力を侮蔑し排除していく、そういうシステムが完成しているのです。

規格通りの凡庸な能力だけが育っていきます。日本の各界を動かしてきたのは、動かしていくのは、だいたい、こういう能力ではないのでしょうか。

(中略)

上から下まで「いじめ」に貫かれた社会であったとしても、そんな社会に殺されてはならないのです。

自分はいくらで買ってもらえる人間であるのかとか、無能であるとかないとか、そういった、この社会から押しつけられる評価などによって、殺されてはならないのです。おまえは生きる価値のない人間だという宣告を、たとえ、社会が下したとしても、そういう宣告に立ち向って、わたしたちは生きることができるのですし、禍を転じて福とすることもできるのです。そうすべきなのです。

アホウ・キジルシとなって、カーニヴァルの笑いを笑うことも、一つの方法でしょう。

人生には、一歩あゆむごとに、多くの幸せがありうるのです。あるいは一本の木を、あるいは青い空を、愛するだけで、人生は、どんなにか、すばらしいものとなりうるでしょう。（中略）

人間は、逆境の中でこそ、学ぶことができるのです。人生の本当のすばらしさを発見できるのです。不幸の中でこそ、人間は、深く豊かな人間性を身につけることができるのです。孤独こそが、精神を鍛えあげるのです。（「跡見英文学」第一〇号）

「カーニヴァルの笑い」とは「現実の価値の秩序をひっくり返してしまった」笑いのことだ。日ごろは「この世のがっしりとした階層秩序にがんじがらめにされている中世の民衆が、その日だけはこの世のあらゆる秩序や価値をひっくり返すことができた、そういうお祭り」がカーニヴァルだった。「このときだけは、民衆は、この世の権力や権威を笑うことができた」。この笑いとは「世界を逆さの目で見る一つの方法」だったのだ。ところで、とくべつなお祭りのときだけでなくつねひごろ日常の世界でそのような「カーニヴァルの笑い」を笑うことが許されていた存在、それが道化だった。そのかわり、道化はアホウ・キジルシと見なされて、この世の「階層秩序の最下層に、あるいは、その外側に、位置づけられて」いたのだ。

このようなアホウ・キジルシだけが、しかし、この世のあらゆる賢人たちによって「クモの糸のように」吐き出される「不文律」――「無能」であるという判定が「そのまま、その個人の全人格、全人間的価値の否定」となるような――に立ちむかっていけるのだ。無能ってなに？　能力ってなんなの？　と問いかえすことができるのだ。このアホウ・キジルシなら「カーニヴァルの笑い」を笑うことができるのだ。

ドン・キホーテとは、まさに、「文学史上もっとも完成されたアホウ・キジルシ」にほかならない。そして、アホウ・キジルシはひとびとから嘲笑される。「個々の人間の持つ、このうえもなく美しいもの、気高いものを、人類は、嘲笑して卑しめる。そして安心する」のだ。もうひとりのアホウ・キジルシであるドストエーフスキイが冷徹に書き残しているように。

人間のこのうえもない浄らかさとか、天真爛漫とか、気だてのよさとか、勇気とか、このうえもない叡智、こうしたものが、すべて、むなしく滅んでいくばかりか、人類の嘲笑の的と化してしまう（悲しいかな、そういうばあいのほうが多いのだ）――まさにこのことこそ、個人と人類の（白井注――ここは、ひとりの個人と、みんなとの、と言ってもいいのでしょうが）、もっとも深い、宿命的な秘密である。

このような嘲笑に立ちむかう勇気こそわたしたちに「もっとも欠けている」ものなのだと、「ドン・キホーテを崇拝したスペインの作家ウナムーノというもう一人のアホウ・キジルシ」がいみじくも指摘している（以上、引用は白井愛の前記講演から）。

◆荘厳から敬虔が生まれ、統合がなされる

この半世紀のあいだにわたしがつぶさに見てきたのは、ひとびとがいかにやすやすと立場を変えるかということだった。「転向」が死語になったのも、むべなるかなだ。「時流に乗る」なんて意識さえなかっただろう。だれもが、自分自身を独自に「変革」してきたのだと信じているだろう。その結果として「時流」の尖端にいるのだ、

と。

ところで、つねに「時流」の尖端にいるのは「よりわかい」者たちだ。その「よりわかい」者たちに「より老いた」者たちがあらそって媚びている。シュテファン・ツヴァイクが大戦間のウィーンの状況について書いているのとそっくりだ。

(……)わたしが見た最大の悲喜劇は、多くの中年の世代の知識人たちが、追い越されることに対する、そして「アクチュアルでない」ときめつけられることに対する激しい不安を覚えながら、絶望して人為的野生味を装い、不器用なよろめく足つきで明白な邪道に追いつこうと努めている有様であった。(中略)あらゆる領域において、老人たちは困惑しながら最新の流行を追った。突如として、存在する野心はといえば、若くあること、そして昨日まではまだアクチュアルだとされていた方向の背後に、もっとアクチュアルで、もっと過激で、いまだかつてなかったような方向をすばやく見つけ出すということ、それだけとなったしまった。

(原田義人訳『昨日の世界』◆)

◆**ウナムーノ**　一八六四―一九三六　スペインの作家・詩人・哲学者・劇作家。一九二四年、プリモ軍事独裁政権から追放され、三一年に帰国。共和制の精神的支柱の一人だったが、三六年、謎の死。いかなるレッテルをも拒否しあらゆるドグマに敵対し、この世に生れ、喜び、苦しみそして死んでいくひとりひとりの具体的人間の現実に一貫して深い関心をよせつづけ、ひとりひとりの個別具体的な人間に向って語りかけるようにしてその思想を展開していった。

◆**『昨日の世界』**　ツヴァイクの絶筆。八七ページの注参照。原田義人訳は、みすず書房刊の「ツヴァイク全集」第一九・二〇巻に収められている。

やすやすと立場を変えることができるのは、その内部に「権威と常識に万全の警備をおねがいしている安全な倉庫」を持っているからだ。

じつは　あまりに　安全
あまりに安泰　なので
なかは　からっぽ
がらんどう

いや　なんといっても
がらんどう　以上に　安心できる倉庫は　ありません
がらんどう　以上に　貴重な財産も　ありません
だって　そこには　普遍　がスッポリ入ります

（白井愛「独創」、『悪魔のセレナーデ』所収）

◆

この半世紀のあいだにわたしがつぶさに見てきたのは、ひとびとがいかに平然とこういった「がらんどう」をかかえたままで生きてきたか、ということでもあった。惰性にさからわずに、と言いかえてもいい。

「君が代」斉唱や「日の丸」掲揚を学校行事の場に強制すべきかすべきでないか、「君が代」を国歌「日の丸」を国旗として公に認知すべきかすべきでないか、そういったレベルでの議論は多い。けれども、そもそも国歌や国旗といったものがほんとうに必要なのか、入学式や卒業式といったセレモニーがほんとうに必要なのか、と問いかける声はまず聞えてこない。必要でない、というより有害無益でしかない、とわたし自身は考えている。ありとあらゆる機会に、ありとあらゆる場で、ありとあらゆる様式で、あまりにもとうぜんのこととしておこなわれている、ありとあらゆるセレモニーは、つまるところひとびとをたぶらかす手続ではないのか?

とはいえ、わたしたちのこの日常の世界にセレモニーは深く浸透しているようだ。まるでもう肉体の一部ででもあるかのように。ドストエーフスキイの『カラマーゾフ兄弟』のなかでイワンが物語る劇詩のヒーロー大審問官◆は、人間に自由をあたえてみろ、三日も経てば返しにくるさ、と断定している。

ことの本質はこうなのだ。人間というやつは、自由の重みに耐えられない。三日も経てば、どうか、この自由をお返ししますから、わたしどもをお導きください、と言って、自由を返しに

◆「**独創**」　白井愛の詩集『悪魔のセレナーデ』罌粟書房、一九八八（絶版）所収。

◆**大審問官**　『カラマーゾフ兄弟』の第五編「プロとコントラ（Pro et Contra）」第五でイワン・カラマーゾフがアリョーシャに語る。大審問官とキリストとの対話（キリストは、現実には、最後まで一言も発しないのだが）の形をとっている。

くる。

キリストにたいする根底的な挑戦だ。キリストは人間を尊敬しすぎたために、その行為はかえって「彼らに対して同情のないものになってしまった」のだ、と大審問官は非難する、なぜなら「おまえはあまりに多くを彼らに要求したからだ。これが、人間を自分自身より以上に愛したおまえのなすべきことと言えるだろうか」!「もしおまえがあれほど彼らを尊敬しなかったなら、あれほど多くを要求」しはしなかっただろう。そのほうが「愛に近かったに相違ない」。それだけ人間の「負担が軽くなるから」だ。「人間というやつは、意気地がなくて下劣なのだからな」。

キリストは、人間がみずから自由に信ずることを渇望した。人間を「奇蹟の奴隷」にすることを望まなかった。このことが、しかし、人間にかぎりない苦悩をあたえてしまったのだ、だから「われわれは、おまえの事業を訂正」したのだ、と大審問官は断言する、人間の恐れる「自由の重荷」をみずからに引き受けることとひきかえに、人間のうえに君臨し、人間を導くことにしたのだ、と。

われわれは、おまえの事業を訂正して、それを奇蹟と神秘と教権の上に打ち建てたのだ。そのために、民衆は、ふたたび、自分たちを羊のように導いてくれる人ができ、非常な苦痛の原因である怖ろしい賜物をついに取りのけてもらえるときがきたのを喜んだ。

大審問官のこのような事業に不可欠なもの、それがセレモニーなのだ。セレモニーは、だから、荘厳であればあるほどいい。いや、荘厳でなければならない。荘厳であってはじめて、敬虔が生れるのだから。荘厳であってはじめて、統合がなされるのだから。

結婚式や葬式をやるなとも、あらゆるセレモニーを廃止せよとも、言うつもりはない。したいひとたちがしたいようにすればいいだろう。だが、それに出るか出ないかは、このわたしが、あなたが、決めることだ。

公の言説にあってはこの国の集団主義・画一主義・異分子排斥などを舌鋒するどく告発している知識人が、私の生活にあってはけっこう「ものわかり」がよく「つきあい」のいい「世間人」であることなど、わたしたちのこの社会ではめずらしくもない。そうでないことのほうがむしろうとまれるだろう。結婚式や葬式に出ないというのは、それだけでもじゅうぶんに「角の立つ」ことなのだ。

このような日常のレベルでのこのような価値の基準をひっくりかえさないかぎり、すくなくとも、それにさからわないかぎり、しかし、この世のなにごとをも、いささかも、変えることなど、いや、ゆるがすことさえ、できはしないだろう。
そんなことをしたら、世の中めちゃくちゃになるじゃないか、ですって? それこそ、価値をひっくりかえすってことじゃないですか。

（一九九九・五・一五）

6章

問えばいいってもんじゃない

なぜ、「問う」なのか？

特集の主題がはじめから「問う」だったのではありません。はじめは「壁」でした。創刊号の特集の主題は『「能力」という神』、次号が「神話」、三号めが「責任」、そして四号では「ひっくりかえす」、そのあとだから「壁」はどうだろう、というのが五号の編集長からの提案で、わたしもこのときはすんなり賛成しました。

壁にぶちあたったのはそのあとです。「壁」という主題について書こうと思いたったときには、書きたいことがいろいろとあった。なのに、書きだすとすぐにつまらなくなってきた。こんなことなぜいま書かなきゃいけないのって思いにとらわれた。

いろんな壁が現実にはあります。国家の壁、民族の壁、体制の壁、身分や階級の壁、男と女のあいだの壁、健常者と身障者との、有能と無能との、金持ちと貧乏人との、上の者と下の者との、教師と生徒との、親と子との、夫と妻との、その他無慮無数の。そうした壁はなくなったほうがいいと、まずだれもが考えているようです。じっさい、「ベルリンの壁」が「崩壊」したとき世界中がどれほど歓呼したか。けれども、それから五年もたたないうちに、はたしてこれでよかったのかという声が出はじめた。『壁は必要だった』なんて皮肉っぽい表題の本まであらわれるしまつです。

壁なら壊せる。人間が作ったものだから。しかし、わたしがいま直面しているのは、どうやら、こういう壁ではないようだ。わたしがぶつかるのは壁のような剛体ではない。ぶつかることすらできないような、かぎりなく弾性的でかぎりなく薄い透明な膜が、皮膚呼吸すら不可能なほどにぴったりと、わたしの全身に貼りついていて、わたしを窒息させようとしているのではないだろうか。

壁を壊したからといって、閉塞状況がなくなったわけではありません。むしろ、出口がますます見えにくくなってきてるのではないか？　その原因は、しかし、壁がなくなったから出てきたんじゃなく、壁があったときそのなかに塗りこめられていた、のではなかったか？　塗りこめられているから見えなかった。だから、とうぜん、見えないままで、壁に囲われていたひとたちは、壁の向うには無限の自由があり壁を壊しさえすればその自由が手に入るのだと夢想していた。ところが、じっさいには、壁が壊されると、そのなかに閉じこめられていたあらゆる非自由の種が空中に四散してしまった。パンドラの箱◆を開けたみたいに。

高らかに　勝利の鐘が鳴っている
ツンドラの果てにも

◆**主題がはじめから「問う」だったのではありません**　これは「あるく」誌第五号の特集の柱として書かれたものですから、ここで言う「特集」とはこの第五号の特集のことです。
◆**皮肉っぽい表題の本**　芳地隆之、新潮社、一九九四
◆**パンドラの箱**　パンドラとは、ギリシア神話のなかで神が最初につくったとされる女性の名。プロメテウスが天から火を盗んで人間にあたえてからというもの人間が高慢になってきた。そこで神はあらゆる災いを詰めこんだ箱をパンドラに持たせて地上に送った。ところが、彼女が好奇心に負けてこの箱を開いてしまったため、あらゆる不幸が地上に広まってしまった。

ジャングルの奥地にも
ひとびとの耳の奥でも

高らかに　勝利の鐘が鳴っている
人間に必要なのは
欲望のムチ
所有のユメ

高らかに　勝利の鐘が鳴っている
金が真　金もうけが善　拝金が美
会社が神
競争が神託

高らかに勝利の鐘を鳴らしてるのは　だれ？
それは　この世の
あいもかわらぬ　勝者たち

高らかに勝利の鐘が告げているのは　なに?
それは　この世の深い秘密
これに刃むかうものの深い宿命

（白井愛「弔鐘」）◆

壁を壊したつもりだった。壊して、勝ったと思った。気がついてみると、しかし、勝利したのは「この世」の「あいもかわらぬ勝者たち」でしかなかった。「高らかに勝利の鐘が告げている」のは、「この世の深い秘密」だ、「これに刃むかうものの深い宿命」だ。「欲望のムチ」と「所有のユメ」に駆りたてられて競争場裏をひた走るほかない「あいもかわらぬ」人間どもがつむぎだすこの世のしくみは、なにひとつ変らなかった。

むろん、壁は壊したほうがいい。パンドラの箱は開けるべきだ。そこからなにが飛びだしてこようとも。飛びだしてくるものすべてに目をこらすべきだ。たじろがずに、はっきりと見ること。そこからしか未来は拓けない。そうしないと、「希望」が箱のなかに残っていたって、たぶん、目に入らないだろう。◆

目をこらして、たじろがずに、はっきりと見る

◆「弔鐘」　白井愛『悪魔のララバイ』径書房、一九九一（絶版）、所収
◆**「希望」が……目に入らないだろう**　パンドラが箱を開けたためにあらゆる災厄がこの地上に広がったのだが、ただ「希望」だけが箱の底に残った。

こと。ここからことが始まる。が、しかし、そこで見えてくるものについて「なぜ?」「どのようにして?」と問わなかったなら、ことは進まないだろう。

そうだ、壁の存在が問題なのではなく、「なぜ存在するのか?」「どのように存在しているのか?」と問わないことこそが問題なのではないか、と気がつきました。そして、あたりを見まわしてみると、なにごとについてもどのようにも問わないといった空気が瀰漫していることに、あらためて気づかされたのです。特集の主題を「問う」に変えようって思いつきはここから生れました。

「なぜ」と問わなければ

「新しい歴史教科書をつくる会」◆がとうとうほんとうに教科書をつくりました。修正個所だらけだったとはいえ検定を通ったので、それが教育現場で使われる可能性もいよいよ現実のものとなってきた。歴史の歪曲を許すなといった抗議が中国や韓国の政府から日本政府に公式に届けられてはいるようですが、抗議する側のおよびごしもあってか、いまひとつ衝迫力を欠いている。日本「国民」はというと、大部分は、問題の存在すら意識していないでしょう。

こういう会がつくる教科書なんてろくなものじゃないってことは、すくなくともわたしにとっては明白です。四年前（一九九七年）、わたしは、こうした動きの元凶である藤岡信勝先生◆の言説を揶揄したことがあります。先生は、この国の現行教科書を批判なさって「こんな教科書を子どもに与えていれば、やがて日本は腐食し、挫滅し、溶解し、解体するだろう」とお書きになっておられた◆のでした。

では、どんな教科書を「与えて」やればいいのか、というお手本として書かれた『教科書が教えない歴史』◆を読んでみました。わたしにはピントこない。どころか、こんなものでほんとうにいいのか、こんなつまらない文章ばかり子どもたちに「与えていれば、やがて日本は腐食し、挫滅し、溶解し、解体する」のではないかと、わたしは、つい、藤岡先生の立場にたって心配したくらいです。こんなしろものにくらべれば、わたしが国民学校初等科のころ愛読した『神様のお話』のほうが、いや『初等科国史』だって、まだはるかに感動的だった。

軍国主義的な国定教科書で軍国主義的な教師から軍国主義的な教育を授けられ軍国主義者に育て

◆「新しい歴史教科書をつくる会」　一九九六年、現行教科書における「自己悪逆史観」による「自国史喪失」「国民の志操の崩落」を糾弾し「自国の正史を回復すべく」、藤岡信勝、西尾幹二、小林よしのりなどが中心となって結成したグループ。

◆**藤岡信勝先生**　一九四三―　東京大学大学院教育学研究科教授。もと左翼。現在は、偏狭な国粋主義を唱える勢力の中心人物の一人。「新しい教科書をつくる会」の副会長。

◆**お書きになっておられた**　藤岡信勝『汚辱の近現代史』徳間書店、一九九六

◆**『教科書が教えない歴史』**　産経ニュースサービス、一九九六

あげられた国民学校児童のわたしは、しかし、けっきょくは軍国主義を根底的に否定するいまのこのわたしになった。高校の社会科教師であったわたしは教科書に参考図書以上の地位をあたえなかった。大学生にロシア語の初級を教えているいま、わたしは、常識にしたがって教科書を指定はするが、教科書どおりに教えはしない。

どんな教科書でどんな教育を受けようが、ひとは、けっきょく自分で自分をつくっていくものです。そうでなければならない。とはいえ、その過程はけっして直線的ではありえないし、とりわけ幼少のおりには、どのように教育されるかが人間形成に大きな影響をおよぼします。それに、初等中等教育の現場にいる教師たちにとっては、どういう教科書で教えなきゃいけないかは重大問題です。なにしろ、この国のひとびとの教科書絶対視は、まったく、ただごとじゃないのだから。教科書からはずれた授業ってのは、それ自体、絶対悪なんですからね。

わたしだって、だから、「教科書問題」を軽視する気はありません。それにしても、しかし、この国のなかでいま生じている「教科書問題」のありようを追っていると、背筋が寒くなってくる。「つくる会」の教科書のようなものを受けいれる空気が、げんに醸成されつつあるからです。この種の本は、げんに、広範に売られているし読まれてもいるのです。なぜか？

ナショナリズムが高まってきてるからだ、と一般には言われているようです。ナショナリズムといっても、じっさいにはびこってきてるのはエセ右翼的事大主義じゃないかと思うのですが、それにしても、それがなぜこのようにえげつないまでに夜郎自大な排外主義のかたちをとるのか？　日本人が自信を失っているからだそうです。なるほど、いまやれっきとした中年（いや、老年か？）に達してナショナリズムの旗手と化した「よしりん」こと小林よしのり先生など、ことあるごとに、日本人よ自信をとりもどせと叫んでいる。日本人に「自信と誇り」をとりもどさせようと、日夜がんばっておられるらしい。では、どうやってとりもどさせようというのか？

　ありていに言うと、「大日本帝国」◆の「忠良なる臣民」はなにひとつ悪いことなどしちゃいなかったのだと教えてやることによってです。「大日本帝国」とその「忠良なる臣民」は侵略戦争などしていない、「大日本帝国軍隊」の「忠勇無双の」◆将兵は掠奪も強姦も虐殺もやってはいない、あの戦争はアジア解放のための戦争であったのだ、掠奪や強姦や虐殺をやったのはじつは中国兵だったのだ、それなのにあの戦争が侵略戦争であり日本軍の将兵が掠奪や強姦や虐殺をやったかのようにきみたちが思いこまされてきたのは、「自虐史観」「東京裁判史観」のせいなのだ、きみたちの「祖父」は（なぜ「祖父」だけなのですかねえ？）「祖国」のために生命を捧げて立派

◆大日本帝国　明治憲法下でのこの国の正式国名。なんという夜郎自大な名称か。ひょっとすると、しかし、独創ではなく、「大英帝国」あたりの猿まねか？

◆忠勇無双の　かつての軍国歌謡に「天に代りて不義を討つ／忠勇無双のわが兵は／歓呼《かんこ》の声に送られて／今ぞ出で立つ父母の国／勝たずば生きて還《かえ》らじと／誓う心の勇ましさ」というのがあった。

に戦ったのだから、きみたちはその「祖父」を尊敬し誇りに思わなければならない、というわけです。

こんなオオウソまでついて無謬性を主張しなければ民族としての「自信と誇り」が持てないのだとしたら、なんてなさけないことか！　そんないいかげんな「自信と誇り」を持たせようと小林先生がもし本気で思っておられるんだとしたら、日本人をバカにするにもほどがある！　とわたしなどは思うのだけれど、現実には、こんなおそまつなエセ「史観」にもころっといかれるひとびとがいる。ばかりか、しだいに増えていきそうなけはいすらあるようです。なぜか？　ひょっとしたら、これは「左翼」への「罰」なのではないだろうか？

先に引用したわたしの文章は、じつは、一九九七年二月一一日に行われた「自由主義史観を問う――二・一一反『紀元節』◆集会」での「これは『左翼』への罰ではないか？（図式と陥穽）」と題する報告の一部なのですが、この報告のしめくくりでわたしはつぎのように述べています。

白井愛の『キキ　荒野に喚ばわる』◆のなかに、精神病院に閉じこめられた「狂人」の手になる、鬼気迫る詩があります。

戦争は　平和の罰
戦争は　幸福の罰
戦争は　共犯《なれあい》の罰
戦争は　特権の罰
戦争は　卑屈の罰

センソウサンセイ
カクヨコイ
キミタチゼツメツダイサンセイ
ドウセワタシハコロサレル

藤岡らの低劣な言説が「かなり大衆的な基盤を持ちはじめている」◆のは、こういう「罰」なのではないでしょうか？

なぜ「罰」なのか？　「自由主義史観」のような陳腐な図式にいかれてしまうような非自立的な「大衆」を、戦後の「左翼」が広範につくりだし

◆**報告の一部**　天野恵一編著『「自由主義史観」を解読する』社会評論社、一九九七、所収
◆『**キキ 荒野に喚ばわる**』白井愛の小説、罌粟書房、一九八五、絶版
◆**大衆的な基盤を持ちはじめている**　太田昌国「自由主義史観と司馬史観の間」、『派兵チェック』五一号、一九九六

てしまったからです。この報告のなかでもわたしは強調しているのですが、この「自由主義史観」なるもの自体「まず、『コミンテルン史観』だの『東京裁判史観』だのといった、学問的にはきわめて不正確な概念によって、わたしたちの祖父母や父母やわたしたち自身の生きてきた・生きている現実の生を図式化し、その図式に対して、彼（藤岡のこと――引用者）の頭のなかでかってにつくりだしたもうひとつの図式を対置しているだけ」のものなのです。なのに、「このようにおそまつな図式に、なぜ、いかれてしまうのか？」

こんなことがありました。5章の「ひっくりかえすのだ！」でも触れたわたしの授業――「読むことと生きることと」という外題を掲げた――のなかで小林よしのりの『戦争論』をとりあげたときのことなのですが、かなり多くの学生たちが、小林の提出した「真実」――たとえば、南京大虐殺の証拠写真をはじめ日本軍の暴虐ぶりを伝える写真のおおかたはニセ写真だったといった――に動かされて、そうだったのか、そうかもしれないなあ、と思ってしまったのです。小林にいかれているひとたちが、ではありません。どちらかというと、彼の独断的押しつけには反発しているようなひとたちが、です。自分の意見をしっかり持っているように見えたひとたちでさえ、その自信がぐらついた。いったいなにがほんとうなのか、わからなくなってしまった。なぜ、わからなくなってしまったのか？

新聞や雑誌の提供する記事や写真をあるいはTVで放映される映像をそのまま真実だと思いこむのではなく、そのような報道・放映がなぜどのような状況のもとでなされているのかを自分の頭で考えたうえで、そのことの真偽をそのつど自分で判断する、そういった習慣が日ごろから身についていさえすれば、小林ごとき単純な頭脳のこねあげたものがホントかウソかぐらいは難なくわかるはずです。

それなのに、いわゆる「湾岸戦争」――あれは戦争なんかじゃなく一方的な大量虐殺にすぎない、とわたしは思っているのですが――のときの有名な誤報写真――油まみれになった水鳥――をひきあいにだして日本軍の残虐ぶりを示す写真なんかも全部デッチアゲなんだと「証明」してみせるといった見えすいたゆさぶりに動揺してしまって、なにがほんとうなのかわからなくなった、すべてが信じられなくなった、などと嘆くようでは、いかにもなさけない。それにしても、なぜ、こんなていたらくになってしまっているのか?

戦争反対を説く側が、戦争ってこんなに残虐なものなんだってことを示すために無惨な被害の写真や映像を見せる。見る側は、その無惨さに衝撃を受けて、戦争ってこんなにひどいものなのかと思う。こんなふうに心証が形成されているかぎり、かんじんかなめのその写真や映像がニセモノだと「立証」されたら、いや、「立証」されるまでもなく、

◆『**戦争論**』　小林よしのりの漫画、幻冬社、一九九八

ちょっとそこにイチャモンがついただけで、すべてが崩壊する。いや、そこまでいかなくても、かなりの動揺くらいは生じるでしょう。それが狙いだからこそ、小林のような連中は、反戦のシンボルみたいになっている写真や映像を標的にしてイチャモンをつけるのです。

そのむかし、わたしが高校の二年生で中国から帰国したばかりのころ、『ライフ』◆というアメリカの雑誌に、当時中国でさかんにおこなわれていた「人民裁判」◆の報道写真が掲載されました。両手を背にまわした状態で縛りあげられた一人の男がうなだれ跪いている。その男を、十重二十重にとりかこんだ群衆がものすごい形相で罵っている。拳をふりあげ、あるいは突き出している者もいる。「人民裁判の真相を見よ。一人の哀れな男を群衆がよってたかって糾弾し殺してしまうのだ」というキャプションがついていた。

この報道写真そのものは、たぶん、デッチアゲでも合成でもない。特派員がその場で撮影したものでしょう。だからといって、しかし、それが無条件に真実を告げているとはかぎらない。写真というのは現実のある一瞬を切りとって見せるものですから、その瞬間にいたるまでどのような歴史がそこに刻みこまれているのか、それ自体からはわかりません。だから、そこにつけるキャプションしだいで、それはどのような見解ないし主張の証拠にもなしうる。

そのとき、わたしには、すくなくともつぎのように想像する余地がありました。いま民衆の前に跪いているこの「哀れな男」は、すこし前までは、傲然と、地主として村人に君臨し、村人など虫けらのようにとりあつかい、悪逆非道のかぎりをつくしてきたのかもしれない、それも、ながい歳月にわたって。

いかなる状況ともかかわりなく絶対に真実である写真や映像など、そもそも、あるわけがない。意図的歪曲がなされていないばあいだってそれが真実を伝えているとはかぎらない。ということをあらかじめ知悉していれば、動揺することはないでしょう。一つの真実とは、無慮無数の細部の真実や虚偽が複雑にからみあいながら全体としてそこに描きだされるものです。いくつかの事実がまちがっていたからといってただちにその全体がゆらいでしまうものではないでしょう。

こういうことがわかるようになるには、あくまで自力で、いくどもあやまちを重ねながら、真実を見ぬく目をやしなっていくほかない。いっさい他人にたよるなというのではありません。報道や論説に依拠するなとも言うつもりはない。肝心なのは、ただ、あくまで自分自身の頭と心でとらえなおし、すこしでもおかしいと感じたことについては、徹底的に疑うことです。なに

◆『ライフ』　アメリカの写真週刊誌。一九三六年創刊、七二年廃刊。七八年、月刊誌として復刊された。すぐれた印刷技術を駆使し、話題性のあるルポや特集で人気を得ていた。

◆人民裁判　職業的裁判官による裁判でも陪審制度でもなく、人民のなかから選出された裁判官が公開で行う裁判のこと。とりわけ、中国革命の時期には、人民が、自分自身の手で、長年にわたって自分たちに塗炭の苦しみを味わせてきた地主を裁くという意味での人民裁判が広くゆきわたっていた。

がどのようにほんとうでなにがどのようにウソなのかを自分自身で考えて判断するという、わたしたちにとってもっとも基本的な知的いとなみを、習慣として、身につけておくことです。

もちろん、そうしたからといってつねに真実を見ぬきうるとはかぎらない。けれども、そうしていさえすれば、そこでの判断の誤りはあくまで自分自身の誤りです。その責任をだれに押しつけるわけにもいかない。自分自身で考え判断するということは、そこでの誤りをもふくめて、すべて、自分自身に責任を引きうけるってことなのです。

このような習慣が、しかし、わたしの向きあっているわかものたちの身にはついていないようなのです。なぜついていないのか？　どうやら、その原因は、彼らが小学校から高校にいたる過程で受けてきた「平和教育」のなかにひそんでいたらしい。もういちど、先にあげた「報告」の一部を引用します。

> この国の戦後民主主義教育の最大の欠陥は、真の意味で自立した思考を身につけさせることに失敗したことでしょう。「自分の頭で考えなさい」と、しきりに教師たちは言ったけれど、生徒たちがほんとうにそういう力を養っていけるように、彼らを挑発しうながすようなやりかたをとってきたのだろうか？　だいいち、教師たち自身、自立した考えかたなどできないままで、「自分の頭で考える」という教義《ドグマ》◆

を押しつけてきたのではなかったか？

（「これは『左翼』への罰ではないか？」）◆

こうした戦後民主主義の「平和教育」を通して、わたしの教室の学生たちも、一九三一年から四五年にかけてこの国がおこなった戦争は侵略戦争であったのだということや戦争というのは悪いものなのだといったことは教えられてきた。けれども、なぜそれは侵略だったのか、戦争はなぜわるいのか、といった問いに直面したことはない。侵略はいけない、戦争はわるい、といった定言命題◆がまずあって、そこからすべてが演繹されていた。その前提そのものを問うことは、ついぞなかった。教える側も教えられる側も、そのことに対していささかの疑問も持たずにきた。なぜ、疑問を持たなかったのか？

それがあまりにも自然であったからでしょう。

太陽や星の運行のようにそれは自然なことと感じられていた。そのように自然なことについてひとはことさらに「なぜ」と問うたりはしません。とはいえ、戦争ってのはわるいものなんだという判断には体験の裏打ちがあった。すくなくともそれ

◆**教義**　もともとは、それぞれの宗教や宗派が信奉しているそれぞれに独自の教義（教理）のことだが、転じて独断（的な教説）のことを言う。

◆**「これは『左翼』への罰ではないか？」**　天野恵一編著『「自由主義史観」を解読する』社会評論社、一九九七、所収

◆**定言命題**　定言的判断を命題として表現したもの。定言的判断とは、条件つきの判断ではなく、無条件で断定する判断のこと。命題とは、判断を言葉で表したもののこと。

がこの国のひとびとの最大公約的意識になっていた時期には。だから、ひとびとのうちに、まるで自然現象に対するのとおなじようにごく自然に浸透していた、と言っていい。

しかし、体験というものは、時の作用によって必然的に風化するものです。そのうえ、他人に伝えうるものでもない。戦争の体験だって例外ではありえません。時の風化に抗し、他人に伝えうるものにしようと思ったら、体験は意識化されなければならない。意識化され、経験という名で呼びうるまでに普遍化されるとき、はじめて、それは他人の生への通路を拓きうるでしょう。

わたしたちのこの国におけるひとびとの「戦争体験」について言えば、わたしたちはそれを経験化することに失敗したのだ、とわたしは思っています。「民族的経験」と言いうるようなものも、だから、蓄積されはしなかった。とはいえ、それに成功した例などはたしてこの世界にあっただろうか?

共通の体験による裏付けなどとうになくなっていたし「民族的経験」として継承される基盤もできていないのだから、そういったいわば自然な感性に依拠することなどもはやできないはずだった。それなのに、ただ、惰性によって、戦争は悲惨だ、侵略はわるいといったお題目をくりかえしているうちに、そのお題目自体がいつのまにか風化してしまっていた。

ほんとうに必要だったのは、戦争はなぜ悲惨なのか、侵略はなぜわるいのか、などなどと根底的に問い、徹底的に考えぬくことであったはずです。「なぜ」と問わなければ、外から入ってきた観念なり知識なりが自分のなかで動きだすことはない。馬耳東風でなくまじめに聴いて「おぼえた」としても、それだけでは、それをほんとうに知ったことにはならないでしょう。ほんとうに知るとは、感覚と化すまでにそれが血肉化されてしまうことだ。そうするには、外から入ってきた観念なり知識なりと自覚的に向きあって、「なぜ」という問いを発しなければならないでしょう。自分が持っているものすべてを動員して、自分自身の発したこの問いに答えなければならないでしょう。そうやってはじめて、それは、たんなる知識ではなく、まさにこのわたしのものだと言いうる考えかたや感じかた――それを思想とわたしは呼んでいます――になるのです。

「なぜ」という問いをいちども発することなく、ただ漠然と時代の常識にしたがって、戦争はわるいこと平和はいいことなのだと思いこんで、そこになんの疑いも持たずにきてしまったから、小林のそれのように徹頭徹尾インチキではあっても強烈なインパクトをもって迫る断定――と、一般的には言えるらしい、わたし自身はちっともそう感じないが――に直面すると、ぶざまなほどに動揺してしまうのではないでしょうか？

問えばいいってもんじゃない

『なぜ人を殺してはいけないのか』という表題の本◆が去年の七月に出ました。わたしが読んだのは今年（二〇〇一年）になってからで、このときはもう「六刷」を重ねていた。こういう本を買って読むひとたちが大勢いるんだなあと思っていたら、ついこのあいだ、『なぜ人殺しはいけないのか』◆という題名の本が出た（出る?）ことを『朝日新聞』三月一六日の記事によって知らされました。ほとんど同じ表題です。『なぜ人を殺してはいけないのか』◆を書いたのは「家族論、学校論、思想、哲学など幅広い評論活動を展開」している小浜逸郎、『なぜ人殺しはいけないのか』の著者は「北アイルランド出身の元テロリストで、現在は神戸市でキリスト教の布教活動をおこなっているヒュー・ブラウン」◆というひとです。

朝日の記事は前者にはまったく触れていません。つづけざまに、ほとんどおなじ表題の――それも、かなり人目をひく――本が出ているのですから、ひとつの社会現象としてとりあげてもよかったでしょうに。ともあれ、わたしの注目をひいたのは、この記事のなかで紹介されていたインターネット上での意見募集の結果です。版元である幻冬舎が、この本のPR活動の一環として、インターネットのホームページで、「人殺しはなぜいけないことなのか」という質問を投げかけ、意見をつのったというのです。

「編集部がまず驚いた」のは「わからない」という答えが多かったことだそうです。担当の福島博司編集長は「迷える時代を反映しているとも思う」と朝日の記者に語ったようですが、そんなふうに概括しちゃっていいのかなあ？

殺してもいい、と答えるひとたちもけっこういたようです。「アタシみたいに死にたいと思っている人もいるし、殺したいと思っているひともいる。だから死にたい人を殺せばいいじゃん」（一五歳女子中学生）とか「家族が無差別殺人で殺されたら、相手を殺す」（二七歳男性）とか「人口多すぎるし、死んでもいいと思うやつはいっぱいいる」（二六歳女性会社員）とか。

殺してはいけないと答えるひとたちがやはり多数なようです。ただ、その理由として「説得力のある論理は多くはない」とのこと。たとえば、「自分が殺されたくないから」とか「命はかけがえなく尊いから」とか「殺された側にも殺した側にも悲しむ人が出るから」とか。「社会を維持するルールだから」という答えはすくなかったそうです。

「宗教倫理が強く支配している欧米なら」と、福島編集長は語っています、「絶対にいけない、

◆『なぜ人を殺してはいけないのか』という表題の本　小浜逸郎著、洋泉社、二〇〇〇

◆『なぜ人殺しはいけないのか』　幻冬社、二〇〇〇

◆幅広い評論活動を展開　『なぜ人を殺してはいけないのか』の奥付に記してある著者紹介から。

◆北アイルランド出身の……ヒュー・ブラウン　『朝日新聞』二〇〇一年三月一六日の記事による。

という意見が圧倒的に多いのでしょうか。改めて日本人の心の一面をかいま見た思いがします」。

たしかに、なにごとについても宗教的な掟など持たないのがこの国に暮すひとびとのふつうのありようでしょう。とはいえ、殺すことは「絶対にいけない」のだといった答えが圧倒的多数を占めないのは、はたして、「宗教倫理が強く支配して」いないせいなのだろうか？　幻冬舎のネット上の質問に答えたある主婦が指摘しているように、これまでずうっと、ひとびとは、殺すなんて「いけないに決まってる」と思いこんできたのだし——だからこそ親も教師も子供にそう教え（刷り）こんできた——いまでもそう思いこんでいるのではないか？　そこにとつぜん「なぜ」と問いかけられた、だからとまどった、のではないか？

もっと深いところからの疑問がわたしにはあります。幻冬舎がネット上で発した質問にどれだけのひとが真剣に答えているのか？「ネットを介したことで、投げやりな答えが多くなったと思う反面、だからこそ本音が出たのではないか、と福島さんは感じる」と、朝日の記者は書いている。そうだろうか？　ネット上では「本音」が出てくるものなんだって、なにか常識のように語られていますが、はたしてそうか？　というより、そんな「本音」がいったいなんだっていうのか？　いや、もっと根源的な疑問がある。「人殺しはなぜいけないことなのか」というこの問いは、はたして、のっぴきならないところから発せられているのだろうか？　おそらく、そうではない。だから、その答えも切実さを持っていないのです。

『なぜ人を殺してはいけないのか』の著者小浜逸郎はこの本を書くにあたって十個の「難問」を設定した。その「難問」とはつぎのようなものです。

第一問　人は何のために生きるのか
第二問　自殺は許されない行為か
第三問　「わたし」とは何か、「自分」とは何か
第四問　人を愛するとはどういうことか
第五問　不倫は許されない行為か
第六問　売春（買春）は悪か
第七問　他人に迷惑をかけなければ何をやってもよいのか
第八問　なぜ人を殺してはいけないのか
第九問　死刑は廃止すべきか
第十問　戦争責任をどう負うべきか

たしかに「難問」にちがいない。というのは、もし既成のどのような基準——宗教

的なであれ道徳的なであれ——にもたよらないで自分で答えを探そうとしたら、いずれにしても、そうそうかんたんに見つかるものではないからです。そのむかしはかんたんだった。人を殺すのはむろんのこと不倫も売買春もわるいことにきまっていました。ほかの問いにもそれぞれきまった答えが用意されていた。だいいち、こんな問いなどだれも発しようとはしなかったでしょう。たしかに、青春時代のほんの一時期に「人は何のために生きるのか」とか『「私」とは何か』なんて問いを発することはあったかもしれないが、社会人になれば、そんな問いを発したこと自体けろりと忘れてしまって、しきたりどおりに暮していたことでしょう。

このような問いがとりあげられるようになったのは、だから、むかしながらの安定した社会が崩れてきていることを意味します。小浜自身が、なぜこういった本を書く気になったのかについて、つぎのように述べています。

（……）旧来の倫理規範の枠組みがその必然性を維持できなくなり、こう生きなければならぬという生の具体的な目的意識を実感しにくくなっているということである。そういう時代気分が社会に蔓延するなかで、攻撃的な妄想を募らせる一部の孤独な若者は、ただ個としての生の手触りを得たいがために、「目的なき殺人」に踏み込んでしまう。また別の「心弱き」若者たちは、自分の内部に社会で生きていく確かな情熱を発見できずに、個室に引きこもってしまう。

今わたしたちは、こうした人倫のタガが緩んだ「退屈と空虚と焦燥時代」の空気を呼吸していて、あらゆる倫理的な主題を根源から問い直す必要に迫られていないだろうか。わたしはこの本で、そうした時代の無意識が提示してくるいくつもの問いに、力の及ぶ限り答えてみたいと思った。

(『なぜ人を殺してはいけないのか』)

なるほど、「あらゆる倫理的な主題を根源から問い直す必要」にいまわたしたちがあらためて「迫られて」いることは事実でしょう。しかし、「問い直す必要に迫られて」いるのはいまわたしたちが「人倫のタガが緩んだ」「退屈と空虚と焦燥」の時代の「空気を呼吸して」いるからなのか？　どんな時代のどんな空気を呼吸していようが、もともと、それらについては「根源から問い直す必要」があったのではないだろうか、それを真にみずからのものとするためには？

たしかに、ひとを殺してはいけないとか盗んではいけないとかいったことはあまりにも当然であ

◆仏教の十戒　仏道修行のうえで守らなければならない十の規律のこと。不殺生、不偸盗、不淫、不妄語、不飲酒、不塗飾香鬘、不歌舞観聴、不座高広牀、不非時食、不蓄金銀宝。

◆十誡　神がシナイ山の頂でモーゼにあたえたという十の戒め。「わたしのほかにはなにものをも神としてはならない」とか「自分のために刻んだ像をつくってはならない」などキリスト教特有の戒律のほか、父母を敬え、殺すな、姦淫するな、盗むな、など一般的なものも含まれている。

ってあらためてその根拠を問うまでもないと考えられてきた。だからこそ、そうした掟は仏教の十戒◆にも旧約聖書の十誡◆にも明示してあり、いわゆる自然法的な規範であると考えられている。そのようなものであってもなお、いや、そのようなものであればこそ、その根拠を「根源的に問い直す必要」があるのではないか？

いまでこそ「念仏」とはどのような行為であるのかを、あるていどであるにせよ、理解しているひとたちはいる。けれども、親鸞が専修念仏《せんじゅねんぶつ》（他の行をせずにひたすら念仏だけを唱えること）を説いていたころ、その思想は邪教にひとしかった。念仏によってほんとうに救われるのか、念仏など唱えていたら地獄に墜ちるのではないか、といった疑問を持つほうが自然だった。こうした疑問に答えた親鸞の言葉を、弟子の善鸞がみごとに伝えています◆。

（前略）念仏は、まことに浄土《じやうど》にむまるるたねにてやはんべるらん、また地獄《ぢごく》におつべき業《ごふ》にてやはんべるらん、総《そう》じてもて存知《ぞんち》せざるなり（念仏を唱えることは、まさに極楽往生のもとかもしれないし、地獄に墜ちるべき業であるのかもしれない。そんなことは存じません――引用者訳）。

答えではない。答えなどあるものか、と言っているようでもあり、たとえあったとしてもこの身になんのかかわりがあろう、と突き放しているようでもあります。このあとに、有名なつぎの台詞がくる。

（前略）たとひ法然上人《ほふねんしやうにん》にすかされまひらせて、念仏して地獄におちたりとも、さらに後悔《こうくわい》すべからずさふらふ（たとえ法然上人にだまされて念仏したおかげで地獄に墜ちたとしても、けっして後悔などいたしません——引用者訳）。

こう言いきった親鸞は法然へのあるいは法然の説く念仏への絶対の信頼をここに吐露したのだ、と言われています。それはそうでしょう。しかしそれだけではないんだ、とわたしは以前からひそかに思っていた。親鸞はここで、法然の説くところである念仏をわたしはみずからの全存在をかけて選ぶのだ、と言っているのではないでしょうか？　だから、むろん、その結果として地獄に墜ちたとしてもその責任は自分自身にある、というより、このわたし自身が引きうけるのだ、と断言しているのです。

「殺すなかれ」にしても「盗むなかれ」にしても、なんらかの絶対的な掟（戒律）として、あたえられるがままに受けとっているうちは、ほんとうに自分自身のものになってはいない。それを真におのれのものとなすには、そこで「なぜ」とみずからに問わなければな

◆善鸞がみごとに伝えています　金子大栄校注『歎異抄』岩波文庫

らない。その問いを自分自身に向けて発し自分自身でそれに答えなければならない。具体的に。実践的に。言いかえれば、ひとつの具体的状況のもとで、具体的な行動として、その答えをみずから選びとらなければならない。

一九五〇～六〇年代にアルジェリア人たちがおかれていた状況のもとで「盗み」はまさに「殺人」であることを、フランツ・ファノン◆は的確に指摘していました。FLN◆の闘士たちにとって「殺す」「殺される」とはどういうことであったのかをも。

いついかなるばあいにも絶対にひとを殺してはならないといった掟をだれにたいしても無条件に押しつけることなどできないのだ、とわたしは考えています。このわたしが、もし、死の瞬間に、わたしはひとを殺さなかったと言いうるとしたら、それは、人生のそれぞれの瞬間に、それぞれの具体的な状況のもとで、わたしが、わたしのすべてをかけて、殺さないという行為を具体的に選んだからなのであって、なんらかの絶対的な掟がわたしの行為を規制していたからではない。

自分自身に向けて発し自分自身で答えなければならないこういった問いは、しかし、むやみに、わけもなく発してはならない。白井愛は、『鶴』◆のなかの一編「天使たち」のなかで、「定員三人の救命ボートに、すでにあなたを入れて三人が乗りこんでいるとします。そこへべつな三人が泳ぎついてボートのへりに手をかけたとき、あなたは突きおとすことができますか？」という問いを突きつけてきた「第三の天使」に対する「わたし」の「怒り」をつぎのように描いています。

どこかで聞きおぼえたのであろうこの紋切り型の比喩によって、天使はなにかを聞いてほしかったのだろう。彼女にとってはなによりもたいせつなことを訴えたかったのかもしれない。ところが、わたしは、そこに、スピーチしか、評論しか、猿まねしか、聞きとらなかった。

「くだらない！　もっとあなた自身を……」

怒りの不意打ちに目がくらみ、わたしは叫んでいた。だが、たちまち、そのわたしは自身に白けて、ことばをのみこんだのである。

おなじ「怒り」の表出をもうひとつ引いておきましょう。『あるく』創刊号（一九九六）の「五月蝿」欄に載っている「評論家」と題する短文です。これも筆者は白井愛。

すきまがない

◆フランツ・ファノン　一九二五—六一　西インド諸島のフランス領マルチニック島に黒人として生れ、フランス本国のリヨンで精神医学を学び、五三年アルジェリアの病院に職を得たが、五四年アルジェリアでフランスからの解放独立のためのたたかいがはじまると、これに深く共感し、五六年以降はアルジェリア民族解放戦線に加わってその指導的知識人の一人として活動した。けれども、病に冒され、アルジェリア独立の日を見ることなく三六歳の若さで死んだ。短い生涯であったが、処女作『黒い皮膚・白い仮面』（五二）をはじめ、苦しいたたかいの間隙を縫って生み出された『アルジェリア革命第五年』『地に呪われたる者』など、生きた具体的な存在である人間の現実の苦悩に対する根底的な洞察に裏づけられた「金の言葉」のかずかずを遺している。

◆ＦＬＮ　「民族解放戦線」フランスの植民地アルジェリアにおいて、植民地権力の抑圧に抗いアルジェリア民族のフランス帝国主義からの解放独立を目指す過酷なたたかいをなしとげた主導的組織。

◆『鶴』　れんが書房新社、一九九三

すきまがない
息をする
すきまがない

土砂に埋もれた瀕死の人夫が叫んだ。
すぐかたわらの山荘のサンルームでこれを耳にした評論家、馴れあいを拒否する犀利な批評によって人気の高い評論家が、論評した。

なぜ、すきまがないのか。生きようと欲する者はこれを問うべきである。しかし、これは、自分に向けるべき問であって、他人に向けるべきものではあるまい。叫び声をあげ最後の酸素を蕩尽してスキマをなくしているのは、ほかでもない自分自身なのであるから。

その問いがそれを発する者にとって真にのっぴきならないところから出ているのかと、なぜ、わたしが先に問いかけたのか？　ほかでもない、右のようなさかしらな「問」を拒否したかったからです。問えばいいってもんじゃない。
小浜逸郎は『なぜ人を殺してはいけないのか』を書く動機の一つにもなったあるで

きごとについて、つぎのように記しています。

この問い（「なぜ人を殺してはいけないのか」――引用者）は、以前、オウム真理教事件や少年の小学生殺害事件などをきっかけにしてわき起こった議論の空気のなかで、ある若者が公開の席で何気なく発し、その場に居合わせた知識人がうまく答えられなかったことで有名になった。一見、大人をギクリとさせる、ある意味でたいへん気のきいた問いであると言えるかもしれない。そのためか、知的ジャーナリズムで一時もてはやされ、雑誌が特集を組んだりもした。誠実に子供や若者に向き合おうと思っているまじめな人ほど、この種の問いに心を揺さぶられやすい。親や教師は、子供に訊かれたら、何と答えればよいのか――こうした不安心理に乗じて、この問いは若者の間でよりも、むしろ大人たちの間で一種のブームになったと言ってよい。

ここまでなら、たんなる状況説明だ。わたしが注目したのはこのすぐあとの文章です。そこで小浜はこう書いている。

個人的な感想になるが、わたしはあまり愉快な気持ちがしなかった。この問いそれ自体に対してではなく、この問い（倫理の根幹に触れる問い）が、よくよく考えられた末に提出されたわけでもないのに、安易な流行現象になったことに対してである。

いっとき人は新しいゲームやおもちゃに夢中になるように、この種のことをもてあそぶ。問いがあどけない見かけを持っていればいるほど、妙に「子供や若者の真剣な問い」と買いかぶって、過剰に「答える責任」を引き受けようとする。そして、文学者、心理学者、哲学や社会学の大学教授、精神科医など、いろいろな人がもっともらしいこと、気のきいたこと、ひねりにひねったことを言ってみて、最終的な答えなど見つからないままに、そのうち立ち消えになる。それは、社会現象をめぐるすべての言論ブーム現象と同じ経過である。わたしはひそかにそう思っていた。そしてそのとおりになった。

（『なぜ人を殺してはいけないのか』）

幻冬舎のネット上での「設問」にたいしてわたしが感じた違和も、ここで小浜が述べている感慨とおなじ根から生じたものでした。要するに、この問いははたしてのっぴきならないところから発せられたのか、という疑問。

もういちど言います。問いを発しさえすればいいってものではない。たしかに、問わないよりは問うほうがいいでしょうが、問題は、その問いがどこからどのようにして出てきたのか――自分自身の生の深奥からのっぴきならないものとして、なのかどうか――であるし、また、それをどのように問うているか、です。どこからどのように問うているか、そのこと自体のうちに、問う者の姿勢が、それをそう問うことに対する責任が、必然的に、問われることになるでしょう。

問うという行為には責任がともなう

わたしは「あなたがたが彼女になぜかと問いかけることを禁止する」と、エリ・ヴィーゼル◆は『死者の歌』のなかで書いています。「彼女」とは、ナチのユダヤ人狩りが猖獗をきわめていたとき、わが子を仲間に絞め殺された母親です。と同時に、そのときその彼女とおなじ状況にあったすべてのユダヤ人でもあったでしょう。

アイヒマン◆の裁判を傍聴していると、そこに呼びだされたユダヤ人の生きのこり証人たちは、「なぜ抵抗しなかったのですか」と問われて、「色蒼ざめ、気づまりげに、居心地悪そうに（中略）だれもかれも同じような言い方で答え」ていた、「おわかりいただけるものではありません。《あち

◆**エリ・ヴィーゼル**　一九二八―　トランシルヴァニア（ルーマニア）生れのユダヤ人作家。第二次世界大戦中、ナチによってアウシュヴィッツ強制収容所に送りこまれたが奇跡的に生還し、戦後、ユダヤ人の受難に関する根底的な省察を作品化している。

◆**アイヒマン**　一九〇六―六二　ナチによるユダヤ人絶滅の実行責任者。戦後、米軍に逮捕されたが収容所から脱走、国外に逃亡。一九六〇年、アルゼンチンでイスラエル秘密警察に逮捕され、六二年、イスラエルで処刑された。

ら》（強制収容所のなか――引用者）にいなかった人には想像することもできないでしょう」と。そこで、エリ・ヴィーゼルは書く、「さて、わたしはそこにいた。それでいて、わたしにはあいかわらずわからない」と。

私自身にしても、目のまえで父親を殴りつけていたあのカポになぜ飛びかかっていかなかったのか、私にはあいかわらずわからない。ガリシアではユダヤ人たちが、彼ら自身の墓穴を掘ってから、かげほどの恐慌も見せずに穴の縁に整列し、そして機関銃がぱちぱちと弾けるのを待っていた。私には彼らの落ちつきがわからない。また、ポーランドのどこかのブンカー（トーチカ）に潜んでいた、あの女、あの母親のことが、これまた私にはわからない。彼女の仲間たちは、彼女の赤ん坊が泣きだして彼らがそこにいるのを気づかれはせぬかと恐れて、その子を窒息させたのである。その女、その母親は、聖書を思わせるほど強烈なこの場面を身をもって生きながら、発狂しなかった。私には彼女のことがわからない。なぜ、いかなる権利により、なにものの名において、彼女は発狂しなかったのか。

私にはわからない。しかし、私はあなたがたが彼女になぜかと問いかけることを禁止する。

（エリ・ヴィーゼル『死者の歌』）◆

なぜ「禁止する」のか？　なによりもまず、かんじんかなめのときに「あなたがた」が沈黙していたからです。エリヴィーゼルの拒絶は、しかし、もっと深い。
「あなたがた」とここで呼びかけられているのは、直接的には、第二次世界大戦中、ナチによるユダヤ人の「根絶」を無関心あるいは沈黙によってゆるした「自由世界」のひとびと――ローズヴェルト◆でありチャーチル◆でありアイゼンハゥアー◆であり、ロンドン放送やモスクワ放送のジャーナリストたちであり、その他もろもろのヨーロッパ人やアメリカ人たちであり――ですが、いまこの世界に生きているこのわたしたちがこの呼びかけの対象から除外されているとは、わたしには思えません。

呼びかけているのは、この無関心（故意の無知）と沈黙のあいだにウクライナからスロヴァキヤからポーランドからトランシルヴァニア◆からその他もろもろの地方から強制収容所に「移送」されワルシャワでルグリンでロッツでガリシアでブッヒエンヴァルトでアウシュヴィッツで◆組織的に殺戮されていった無慮無数のユダヤ人たちです。いや、死者たちは語らない。死者たちに代って語ってい

◆**エリ・ヴィーゼル『死者の歌』**　村上光彦訳、晶文社、一九七〇

◆**ローズヴェルト**　アメリカ合衆国第三二代大統領。日米戦争も対独戦争も彼の在任中（一九三三―四五年）のできごと。

◆**チャーチル**　第二次世界大戦（ドイツ・イタリア・日本の枢軸国とイギリス・アメリカ・フランスなど連合国の戦争）の時期イギリスで挙国一致内閣を組織して首相となり、戦争指導にあたった。

◆**アイゼンハウアー**　第二次世界大戦中のヨーロッパ連合軍最高司令官。のちアメリカ合衆国第三四代大統領（在任一九五三―六一年）。

◆**トランシルヴァニア**　ルーマニアの中央部。トランシルヴァニア・アルプス山脈とカルパチア山脈とに挟まれた地方。かつてオーストリア＝ハンガリー帝国領だったが、いまはルーマニアに所属する。

◆**ワルシャワで……アウシュヴィッツで**　いずれも、第二次世界大戦中ナチによってユダヤ人強制・絶滅収容所が設立されていた土地の名。

るのは、ほんらいはこの死者たちの列中にあったはずの、ただ希有な偶然によってのみ〈あちら〉からこちらの世界へひきもどされた一人のもと子供エリ・ヴィーゼルです。その彼は、では、なぜ、死者たちに代って語ろうと決意したのか？

彼を決意に導いたのは深い怒りだった。なにに対する？　死者たちを、その死を、理解しようとする、理解しうるものと考える、生者たちの恣意に対してです。彼らはなぜ理解したがるのか？　これらの死者たちが、その死が、不可解であるからです。この不可解は「安らかな良心」の持主たちを責めさいなむ。理解しなければならない。「客観的思考」の名において合理的説明をあたえなければならない。そうしないと「事件は完結」しないのです。「事件」が「完結」しないかぎり不安は消えないのです。

生者たちは、一刻も早く、安心をとりもどしたいのです。「罪人を名指し」その「罪を確定」することによって、歴史のページをめくってしまいたいのです。だから彼らは、かつて「沈黙のうちに、ついで、忘却のうちに置き去りに」した、絶望し「苦悶するに任せておいた」死者たちを、あわてて呼びだし、「質問責め」にする。

エリ・ヴィーゼルが根底的に拒否しているのは、まさにこのような問いなのだ、とわたしは思います。このような「あなたがた」がこのような死者たちにこのように「問いかける」ことを、彼は、深い悲しみと怒りとをもって、拒否したのです。「あなたがた」が「知りたい」「理解したい」のは、このようなかたちで歴史にけりをつけ

「事件は完結し、すべてが秩序に復した」と思うためではないのかと、彼は問いつめる。そうであるのならむしろ「理解しないでいただきたい」と言いきる。そもそも、このような問いに答えなどありはしないのです。「もろもろの答えは問いを重大にするばかり」なのです。まだしも、ひとは「ヨブ◆のがわに身を置くほうがよい」。なぜなら「彼は答えではなく問いを、談論ではなく沈黙を選んだ」のであるから。

それゆえ、彼らをそっとしておいていただきたい。これらの墓所なき死者を掘りださないでほしい。彼らを、いつまでも、彼らのいるべきままの姿で、いるべきところに残しておいていただきたい。すなわち、あなたがたの存在の奥底に疼く、類うべくもない傷として、苦痛として。

（『死者の歌』）

問うことの禁じられた問いがある。不当な問い、すなわち、問いの立てかたそのものが、問われる者にとって不当であると受けとられるといった問いもある。なにについてでも、どのようにでも、安易に問うていいというものでは、たぶん、ない。問うという行為には責任がともなうのです。問う

◆ヨブ　旧約聖書のなかの一編『ヨブ記』の中心人物。このうえもなく善良で、人となり正しく、悪をなさず、深い信仰心をもって暮していたヨブの身の上に思いもよらない災難がふりかかる。家族を奪われ、地位も財産も失うのだ。それでもなお信仰を失わないヨブに、神は、さらに耐えがたい苦難をあたえる。ヨブは絶望し、なぜ、ほかならぬこの私がこのような目に遭わねばならぬのかと神に問いかけはするが、答は求めず、黙って耐えぬくのだ。その彼を慰めにやってきた友たちとヨブとがかわす問答は『ヨブ記』の核心部で、人間存在についてのもっとも深い問いかけがそこでなされる。

者自身の責任が問われるのです。
しかも、みずからの全存在をかけて問うたからといって、そもそも答えなどありえない、いや、問うこと自体が禁じられる、そのような問いが、いま見たように、この世界には、たしかに、存在する。それでもなお、そこでその問いを発しなければならないし、みずからの発したその問いに、しかと向きあい、そこで、おのれの全存在をかけて、一つの判断＝行為を具体的に選ばなければならない――そういうばあいが、やはり、わたしたちのこの人生にはあるのではないでしょうか？

（二〇〇一・五・一五）

あとがき

この本に収めた文章は、いずれも、はじめは「あるく」という雑誌に発表されています。まとめて一冊の本にするにあたっては、むろん、それぞれに手を加えてはいますが。この雑誌は、六年前、白井愛とわたしがわかいなかまとともに創刊したものです。創刊号に掲載した文章のなかで、わたしは、つぎのように書いています。

わたしは、いま、地図も磁石もない時代に生きている。どの方向へどれほどあるいていけば目的地にたどりつけるのか、わからない。それどころか、目的地がどこにあるのか、いや、そもそも目的地は存在するのかすら、わからない。けれども、わたしはあるく。このいまわたしが欲する方向へ。その方向がまちがっていないという確証はわたしにはないし、たとえまちがっていないとしても、生きてそこへたどりつける保証もまたない。にもかかわらず、わたしはあるきつづけるだろう。（中略）

わたしはあるきつづけるだろう、わたしの足で。わたしは、考え、望み、夢みるだろう、わたしの頭で、わたしの心で。わたしは道を模索しつづけるだろう。そして、わたしは見るだろう、あるく人間の目の高さで、わたしは聞くだろう、あるく人間の足の速さで、その道のそれぞれのところでそれぞれのときに生起するであろうもろもろの人間的・自然的事実を。

それらの事実を、そしてまた、それらについてそのときそのところでわたしが感じ考えるであろうことを、この雑誌を手にとってくれるであろうひとよ、ほかでもないそのあなたに、わたしは語りかけたい。ほかならぬこのわたしのことばで。おおやけ(公)のことばによってではなく、徹頭徹尾わたくし(私)のことばによって。

おおやけ(公)のことばで語られるあらゆる「大義名分」を、わたしは忌避するだろう。ひたすら、ただわたしのことばによってのみ、ただこのわたしにかかわる真実をのみ、わたしは語ろうとするだろう。そして、わたしによって語られるその真実が、読むというあなたの行為によって、あなた自身の真実ともなりうるであろうことを、わたしは心からねがう。徹底的に私的であることのうちに普遍性への通路があると信じるがゆえに。

この本に収めた文章は、いずれも、このような姿勢で書かれたものばかりですが、それをどのように受けとるのかは、むろん、読み手であるあなたが決めること。そのあなたからの応答《いらえ》を、わたしとしては、待つのみです。

さて、ブックデザインの加藤昌子さん、こんどもすてきなデザインをしてくれて、ありがとう！　中川恵子さん、ユニークな絵をありがとう！　梨の木舎の羽田ゆみこさん、この本を出してくれて、ほんとにほんとにありがとう！

付記　読後感あるいは批判をぜひお聞かせください。なお、この本に引用した白井愛の作品あるいはわたしの本を手にいれたいかたは、わたしあてに直接御連絡ください。

わたしの住所はつぎのとおりです。

〒270-1356　印西市小倉台 3-1-6-501

電話・Fax:0476-46-9023

e-mail:abg01800@hkg.odn.ne.jp

著者略歴

彦坂諦……ひこさか・たい

1933年生れ。49年、中国の大連市から帰国。東北大学で日本史を、
早稲田大学でロシア文学を学び、新進の翻訳家・批評家としてデビューしたが、
まもなく筆を断ち、70年代の末ころからこんどは本気で書きはじめた。
大学院を出ても定職につけず、60年代の後半から木材検収員や
通訳など臨時雇の身分で働いてきた。現在は芝浦工大非常勤講師。
シリーズ『ある無能兵士の軌跡』(全9巻、柘植書房新社)によって、
私たちの日常に潜む戦争の根を、私たち自身が内在化している
能力信仰や集団同調・異分子排撃などの問題として追求。
『男性神話』(径書房)では、男性のセクシュアリティ神話をあばき、
『餓死の研究』(立風書房)では、この国のこの社会の宿痾である
無責任体系のありようをえぐりだした。
現在、雑誌『あるく』の中心的な書き手・編集者として活躍している。
新刊に『女と男 のびやかに歩きだすために』(梨の木舎 2002)がある。

教科書に書かれなかった戦争 PART41

無能だって？ それがどうした？！

能力の名による差別の社会を生きるあなたに

発行日　二〇〇二年十一月十日

著者　彦坂諦

発行者　羽田ゆみ子

発行所　有限会社梨の木舎
〒一〇一-〇〇五一　東京都千代田区神田神保町一-四二　日東ビル
電話：〇三-三二九一-八二二九　ファクシミリ：〇三-三二九一-八〇九〇
Eメール：nashinoki-sha@jca.apc.org

イラストレーション　中川恵子

ブックデザイン　加藤昌子

本文組版　有限会社まんぼう社

印刷　株式会社フクイン

梨の木舎

シリーズ **教科書に書かれなかった戦争**

日本図書館協会選定図書

① 教科書に書かれなかった戦争

アジアの女たちの会編　定価一六五〇円＋税

'82に起こった「教科書問題」で日本はアジアの国々からの轟々たる非難の声に包まれた。アジアの人々は、侵略が過去のことではなく、銃を札束に替えた日本人の姿に新たな脅威を感じとっている。朝日、毎日、読売、各紙で紹介。　五刷

日本図書館協会選定図書　増補版

② アジアからみた「大東亜共栄圏」

増補版

内海愛子・田辺寿夫編・著　定価二四〇〇円＋税

シリーズ2では、日本が踏み込んだアジア一〇カ国に今も残る侵略軍・日本の姿をクローズアップ、タイ、ビルマ、ベトナム等を追う。『週刊ポスト』で絶賛。重版出来。　四刷

日本図書館協会選定図書

③ ぼくらはアジアで戦争をした

内海愛子編

高崎隆治・岡本愛彦・飯田進・湯浅謙・亀井文夫著定価一六五〇円＋税

5人の戦争体験者から聞く日本の軍隊の姿。日本は「アジアの光」ではなく、「闇」であり「絶望」であった。私たちが埋葬してきた歴史、強姦や「生体解剖」などの事実を明らかにする。　二刷

日本図書館協会選定図書

⑦ アジアの教科書に書かれた日本の戦争――東アジア編　改訂版

越田稜編・著　定価二二〇〇円＋税

アジアの教科書には日本の戦争はどう書かれているだろうか。●中国●モンゴル●韓国●香港の教科書を翻訳. A or B　五刷

日本図書館協会選定図書

⑧ アジアの教科書に書かれた日本の戦争――東南アジア編　増補版

越田稜編・著　定価二五〇〇円＋税

PART7にひき続いてアジアの教科書の翻訳と解説。●シンガポール●マレーシア●ミャンマー●タイ●ベトナム●ラオス●カンボジア●フィリピン●インドネシアの10カ国。東京新聞・朝日新聞で紹介。　増補二刷

⑮ ヨーロッパの教科書に書かれた日本の戦争

越田稜編・著　定価三〇〇〇円＋税

ヨーロッパの教科書は、日本の戦争をどうとらえ、どう伝えているだろうか。さらに自国の戦争は？　●イギリス●フランス●ベルギー●オランダ●ドイツ●イタリア●スイス

梨の木舎

㉗ 「日本軍慰安婦」をどう教えるか
石出法太・金富子・林博史編
定価一五〇〇円＋税

「慰安婦」問題を生徒たちにどう教えたらいいのか、という現場の先生達の疑問に応えようと編集された。授業例を小・中・高から計5本・15のQ＆A。23の資料を添付した。

㉘ 世界の子どもの本から「核と戦争」がみえる
長谷川潮・きどのりこ編・著　定価二八〇〇円＋税

日本を除く世界の戦争児童文学のガイドブック。Ｐａｒｔ18に続く世界編であり、両者をあわせて世界中の戦争児童文学のガイドブックが完成した。翻訳本161冊、未翻訳本142冊を紹介する。図書館必備。

㉙ 歴史からかくされた朝鮮人満州開拓団と義勇軍
陳野守正著
定価二〇〇〇円＋税

日本の植民地支配下の朝鮮の子供たちも満州に送り出されていたことに驚く。満州移民を追いつづけた著者の労作。

㉚ ヨーロッパがみた日本・アジア・アフリカ
フランス植民地主義というプリズムをとおして
海原峻著
定価三二〇〇円＋税

ヨーロッパは侵略により富を蓄え、繁栄に向かった。18世紀ヨーロッパの輝かしい「進歩」と「自由」の世紀は、世界の植民地化に向かう世紀でもあった。これを支えた思想とはなにか。ユゴーやピエール・ロチから、ゴビノー、シーグブリード等を浮き彫りにする。

㉛ 戦争児童文学は真実を伝えてきたか
長谷川潮著
定価二二〇〇円＋税

一九四三年上野動物園の猛獣虐殺は、空襲を身近に感じさせようという軍事上の意図があったことを立証する。

㉜ オビンの伝言
ダイヤルの森をゆるがせた台湾・霧社事件
中村ふじゑ著
定価二二〇〇円

一九三〇年日本統治下の台湾でおきたタイヤル族の蜂起を追う。このときオビン・タダオは17歳、父親は殺され、夫は自殺。妊娠中のオビンは、夫の言葉に従い生き延びる。

梨の木舎

㉝ **ヨーロッパ浸透の波紋**
安土・桃山期からの日本文化を見なおす
海原峻著
定価二五〇〇円

ヨーロッパは、安土桃山時代東アジアに登場しグローバリゼイションの第一期が始まる。多彩で心をひきつける、が侵略的であった。

㉞ **いちじくの木がたおれ　ぼくの村が消えた**――クルドの少年の物語
ジャミル・シェイクリー著野坂悦子訳・津田櫓冬画
定価一三四〇円

イラン・イラク戦争のさなか村を追われ死においやられたクルドの少年の物語り。いままた戦争の危険にさらされている。

㉟ **日本近代史の地下水脈をさぐる**
信州・上田自由大学への系譜
小林利通著
定価三〇〇〇円

明治期、「自由と立志」ために時代を生ききったひとびとの脈々たる流れを追う。

㊱ **日本と韓国の歴史教科書を読む視点**
日本歴史教育研究会編
定価二七〇〇円

韓国と日本の歴史研究者と現場の教師による自国の教科書の批判的検討。

㊲ **ぼくたちは10歳から大人だった**――オランダ人少年抑留と日本文化
ハンス・ラウレンツ・ズヴィッツァー著　川戸れい子訳
定価五〇〇〇円

第二次大戦下、日本軍によるオランダ人抑留を「日本近代の文化」という視点から分析する。オランダで高い評価を得ている注目の書。

㊳ **女と男　のびやかに歩きだすために**
彦坂諦著
定価二五〇〇円

「和の構造」がくもの巣のようにはっている日本の社会で女と男はのびやかに生きられない。天皇の存在はアイマイウヤムヤの象徴であり、そのまた先には、戦争につながる日常をわたしたちは生きている。

梨の木舎